# PARQUES NACIONALES DE AMÉRICA LATINA

# PAISAJES, DESAFÍOS Y CAMINOS PARA LA CONSERVACIÓN AMBIENTAL

FOTOGRAFÍAS
LUCIANA NAPCHAN

# PARQUES NACIONALES DE AMÉRICA LATINA

INVESTIGACIÓN Y EDICIÓN DE TEXTO
WALTER BEHR

*Creación, realización y contenido* Luciana Napchan y Walter Behr
*Fotografías y epígrafes* Luciana Napchan
*Investigación y edición de texto* Walter Behr
*Redacción final* Ana Augusta Rocha
*Asesoramiento técnico* Rozely Ferreira y Claudio Maretti
*Dirección de arte* Rudi Böhm
*Edición* Marcia Signorini y Mário Ferraz Jr.
*Producción gráfica* Marcia Signorini
*Coordinación editorial* Marina Gonzalez
*Versión español* Elsa Ruth Dazcal Selener
*Revisión español* Marina Fernanda Montaldo Lara, Mariela Nobel
*Revisión técnica* Claudia Vieitas y Paul Dale
Impreso en São Paulo, Brasil Gráficos Burti

Publicado simultaneamente en portugués, español e inglés.

*Patrocinadores* Petrobras (patrocinio master), Natura, Burti

Esta edición tuvo el apoyo de Suzano Papel e Celulose, Advance Turismo, Lan Chile, Half Dome, Furtado & Schmidt, Nikon T. Tanaka, Fujifilm do Brasil, Ibama



Luciana Napchan
www.luciananapchan.com

Walter Behr
walterbehr@hotmail.com

**Dados Internacionais de Catalogação na Publicação (CIP)**
**(Câmara Brasileira do Livro, SP, Brasil)**

---

Parques Nacionales de América Latina / fotografias Luciana Napchan ; investigación y edición de texto, Walter Behr; [versión y revisión español Elsa Ruth Dazcal]. -- São Paulo : Ed. dos Autores, 2005.

Obra em 3 v. : português/inglês/espanhol
Bibliografia.
ISBN 85-905070-1-7

1. Conservação da natureza 2. Ecossistemas 3. Gestão ambiental 4. Parques e reservas nacionais – América Latina 5. Parques e reservas nacionais – Fotografias 6. Proteção ambiental
I. Napchan, Luciana. II. Behr, Walter.

05-0012 CDD–333.78316098

---

**Índices para catálogo sistemático:**

1. América Latina : Parques nacionais : Conservação e proteção 333.78316098
2. Parques Nacionais : Conservação e proteção : América Latina 333.78316098

LEI DE INCENTIVO À CULTURA
MINISTÉRIO DA CULTURA

Después de haber pasado algunos días en la región de un parque nacional y vivenciar paisajes de indescriptible belleza, nació el deseo de retribuir a la naturaleza la sensación de paz y armonía que ella nos ofrecía.

La idea fue que al compartir y difundir esta belleza y la importancia de la protección ambiental, estaríamos alimentando la semilla de la preservación ambiental en otros seres humanos.

Así surgió la idea de hacer este libro, con ejemplos exitosos de conservación ambiental realizados en parques nacionales latinoamericanos.

Los parques nacionales son una importante categoría de unidades de conservación, pues además de proteger partes fundamentales de ecosistemas y sus paisajes, se convierten en campo para el desarrollo de investigación, educación y turismo ambiental.

Nuestro desafío inicial fue escoger entre las centenas de unidades de conservación, ocho parques nacionales que representasen diferentes ecosistemas en América Latina y demostrasen, en su área o en su entorno, proyectos y programas llevados a cabo con éxito de conservación ambiental que pudiesen ser reproducidos en otras regiones latinoamericanas.

Documentar estas experiencias y este patrimonio natural, nos hizo tener la seguridad de que los países de América Latina tienen mucho para compartir.

Diversas y fascinantes son las propuestas de conservación ambiental retratadas en este libro. Al superar dificultades y desafíos en ambientes socioeconómicos semejantes, deberían ser consideradas "tesoros de conservación" para América Latina.

Como amante de la naturaleza preservada, siento necesidad de gritar por intermedio de mi fotografía, pues árboles y animales no gritan por su preservación. Ellos simplemente mueren y desaparecen. *Luciana Napchan*

La sociedad precisa reconocer que los parques nacionales son áreas comunes que benefician a todos. Precisamos sentirnos responsables por estas áreas y participar más en su protección. De otra forma, nuestra naturaleza continuará siendo devastada. *Walter Behr*

PARQUES NACIONALES DE AMÉRICA LATINA

Las unidades de conservación se están volviendo islas.

Y para ellas ahora corremos, como náufragos, después de casi dos siglos pirateando incesantemente a la naturaleza. Egocéntricos como somos, en este corto espacio de tiempo llamado "modernidad", apostamos que la Tierra debería ser más humana que cualquier otra cosa. El resultado es que hoy tenemos un libro de tapa roja, en cuyas páginas blancas vemos una inmensa lista negra de aquellas especies que desaparecieron o están por desaparecer. Las leyes del "progreso" decían que dominar era preciso; dejar vivir, sólo secundario. O tal vez, superfluo.

Ahora, boquiabiertos, descubrimos cuánto nos vacía vivir sin esa biodiversidad perdida.

Nos vacía de futuro.

Mientras había muchas selvas, había frescura, agua limpia y secretos de las plantas por ser descubiertos. Pocos recuerdan, pero buena parte de los remedios conocidos actualmente se originaron en las selvas tropicales y del estudio de sus plantas. ¿Y qué estamos haciendo con las plantas?

Eliminándolas antes de conocerlas realmente. Más de la mitad de las selvas tropicales del planeta ya fueron devastadas y continúan desapareciendo cada día. Cada especie que cae puede estar llevando consigo chances de avances para la ciencia y para la medicina.

Con futuro incierto también está el clima del planeta, la pureza de las aguas, la integridad de las tierras que dan el alimento y que, año a año, desertifican, empobrecen, desvanecen...

El desaparecimiento de especies nos vacía también éticamente:

¿Por qué creer que nosotros, humanos, tenemos más derecho a la vida que cualquier otro, animal o planta, que deben haber aparecido en el planeta mucho antes que nosotros?

Y entonces, ¿qué les diremos a nuestros descendientes? ¿les pediremos disculpas? ¿les diremos que exageramos en la dosis? ¿les mostraremos con voz afable y con dedos trémulos las pocas áreas protegidas, actualmente poco más del 11% del planeta, de acuerdo con la Unión Mundial para la Naturaleza (UICN) como un certificado mínimo, aunque dudoso, de nuestra sanidad? ¿les diremos, como quien cuenta una fábula de entretenimiento, que éstas son islas del tesoro?

Todavía hay tiempo para dejar a las futuras generaciones una herencia mejor. Con más creatividad para encontrar soluciones ambientales, más sentimiento de hermandad con la vida como un todo y, sobretodo, una comprensión del mundo que perciba la naturaleza en cada uno de nosotros, nos entienda intrínsecamente dentro y dependientes de ella.

Tal vez podamos ver que el consumo exacerbado de los recursos naturales y de bienes materiales nos llevará infaliblemente a una pobreza de vida.

Tal vez los últimos reductos de biodiversidad del planeta puedan esperar más de nosotros.

Y al contrario de contentarnos en conocer parques y reservas cercados de civilización y problemas por todos lados, podamos, de contramano a la destrucción, ir extendiendo corredores de fauna y flora, interconectando áreas de protección, agrandando límites, ampliando ejemplos de desarrollo sustentable, envolviendo a las poblaciones locales, intercambiando experiencias, ideas exitosas, estimulando investigaciones y alianzas, ampliando la participación y la educación ambiental en todos los niveles de la sociedad.

Éstas son las ideas y el ideal de este libro.

Hacer puentes, reunir. Ignorar límites: de países, de culturas y de unidades de conservación para sólo compartir soluciones, esperanzas y salidas – salidas para la conservación ambiental.

Porque, sabemos, es urgente que la humanidad pueda salir de la esfera de los pensamientos, ideas e intenciones, para la realidad práctica. Precisamos ver nuestra ética y nuestra esperanza consolidadas en acciones. La sustentabilidad no puede quedar solo en el papel y en las mentes.

Fueron cinco años para ver el libro realizado.

Tal vez sean cincuenta más para que veamos ampliamente instauradas las ideas que divulga.

Lo importante es comenzar dando vuelta la página
y construyendo una nueva historia.

Proteger el medio ambiente ha sido, sin duda, una de las prioridades de Petrobras. A lo largo de sus 51 años de existencia, la Compañía siempre se alió a instituciones que se convirtieron en referencia, en Brasil y en el exterior, por el trabajo serio e innovador que ejecutan. El Proyecto Tamar, de protección a las tortugas marinas, es un ejemplo de ello.

El libro "Parques Nacionales de América Latina" es otro buen y hermoso ejemplo de esa alianza. Y el principal beneficiado es usted. A lo largo de cada página y cada fotografía, el lector tendrá la oportunidad de conocer lo que se ha hecho para preservar santuarios ecológicos en ocho parques nacionales de América Latina.

En los últimos cuatro años, Petrobras invirtió cerca de R$ 6 mil millones en la seguridad ambiental de sus instalaciones y R$ 18 millones más en proyectos de patrocinio ambiental.

El Programa Petrobras Ambiental, lanzado en 2003, representa un nuevo escalón en ese proceso y contempla inversiones de R$ 40 millones durante los dos primeros años, en proyectos elegidos por selección pública.

En octubre de 2003, la compañía se adhirió al Pacto Global de la Organización de las Naciones Unidas. Entre los principios de esa iniciativa están el estímulo y la diseminación de los conceptos y preceptos de la responsabilidad social y ambiental corporativa entre su fuerza de trabajo y sus millares de proveedores y accionistas.

Petrobras tiene conciencia de que respetar el medio ambiente es un acto de ciudadanía, que beneficia no solamente a Brasil sino a los demás países de nuestro gran santuario: el planeta Tierra.

**PETROBRAS**

Natura cree que la vida es una cadena de relaciones. De tal forma que el respeto a una parte se refleja en el todo y el cuidado dedicado a una parte también se hace sentir en el conjunto.

También cree que la conservación de la naturaleza es urgente e incluye, obligatoriamente, una revisión de valores y actitudes.

Para contribuir con esa transformación Natura busca reforzar la creencia de que es posible aunar el progreso que no destruye la naturaleza con el desarrollo y la plena realización de los valores humanos. Compartir esa creencia es un paso necesario para la construcción de un mundo mejor.

Este libro tiene la especial importancia de proporcionar ejemplos consistentes e inspiradores sobre el cuidado de la naturaleza. Ejemplos que nos hablan de la gestión de parques nacionales nacidos en América Latina y que se pueden reproducir en otras partes del mundo. Los parques nacionales, así como las demás unidades de conservación, son reservas de la vida silvestre y por ello son cada vez más importantes para la humanidad. Contienen, además de los ambientes naturales conservados, el patrimonio necesario para la reconstrucción de la naturaleza.

Al dar su apoyo a este libro, Natura reitera su compromiso, que ya dura 35 años, con la promoción del desarrollo sostenible en Brasil, en América Latina y en el mundo. La divulgación del conocimiento trabaja en este sentido: conocer para conservar.

natura
bien estar bien

En 2005 la editorial Burti cumple 30 años.

Son 30 años de trabajo, desafíos, grandes éxitos e importantes conquistas. En estos 30 años hemos podido observar el crecimiento de Brasil, la evolución de los mercados y de la sociedad de consumo masivo, como también la realidad explosiva de la globalización.

Paralelamente a este relativo progreso, a lo largo de estos años se ha puesto en evidencia la creciente fragilidad de nuestro planeta, que, a pesar del desarrollo tecnológico continuo, está dando señales de que precisamos repensar nuestro impacto sobre los recursos naturales y las cuestiones relativas al crecimiento sustentable. Es necesario que reconozcamos nuestras riquezas naturales y que las preservemos, con tenacidad, para futuras generaciones.

Es con este espíritu que nos juntamos a otros colaboradores en apoyo al proyecto del libro *Parques Nacionales de América Latina*. Creemos que esta iniciativa contribuirá para hacer conocer el trabajo de innumerables personas que contribuyen, tanto directa como indirectamente a la preservación del planeta Tierra y a revelarnos como lectores, una pequeña parte de la belleza que muchas veces está a nuestro alcance, pero que, sumergidos en nuestra rutina diaria, escapa a nuestros ojos. Lo invito a compartir este viaje y a conocer nuevas fronteras, descubriendo los horizontes de un continente grandioso por naturaleza.

Gráficos Burti

47
8
1
3
6
5
2

8

ocho capítulos
ocho regiones de América Latina
ocho parques nacionales
ocho paraísos poco conocidos

# 1 Una de las mayores biodiversidades de la Tierra. Parque Nacional del Manu.

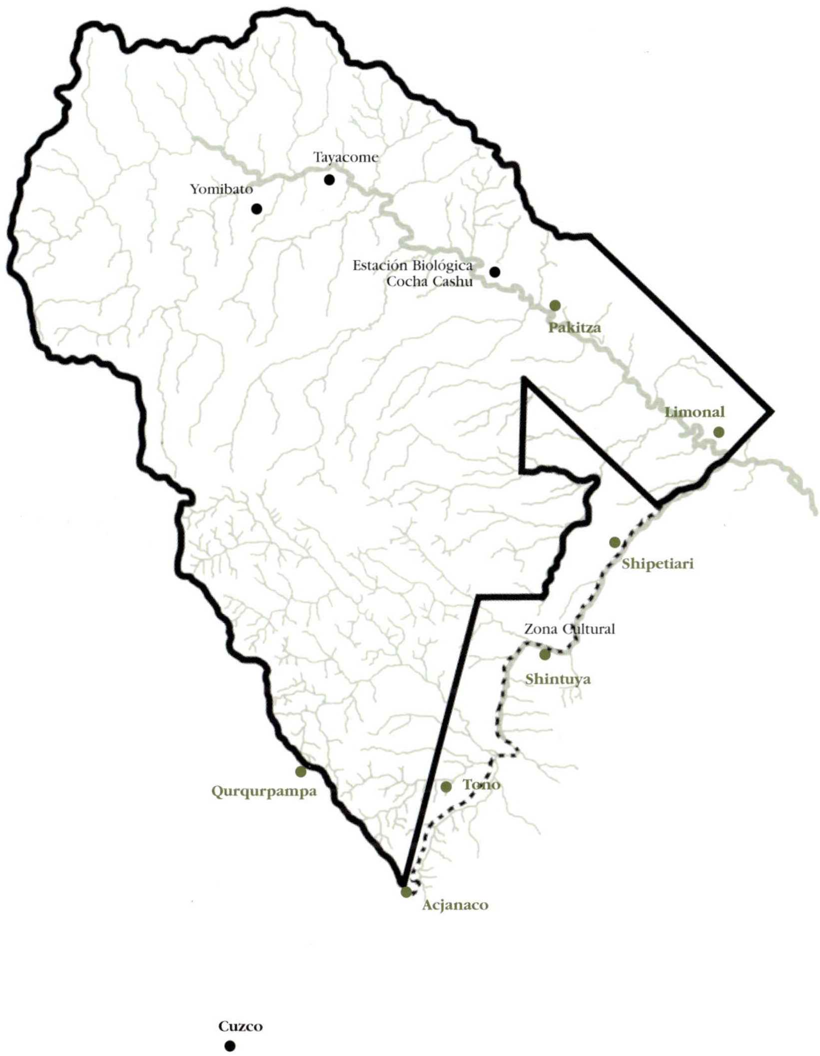


*Ubicación* Ladera este de los Andes peruanos, a 100 km de Cuzco.
*Área* 1.692.137,26 hectáreas.
*Fecha de creación* Decretado parque nacional en 1973; reserva de la Biosfera en 1977 y patrimonio de la humanidad en 1987.
*Ecosistema* Incluye tres zonas ecológicas diferentes: la puna, de gran altitud y escasa vegetación; la selva nublada de altitud, en las laderas de las montañas y de altísima humedad y endemismo; y la selva Amazónica, una de las de mayor diversidad de vida en la Tierra.
*Clima* Templado en las alturas andinas, con bajísima pluviosidad; subtropical en las laderas, con hasta 6.000 mm/año de lluvia; y ecuatorial en el área Amazónica del parque, llegando a 2.100 mm/año de pluviosidad.
*Aspectos relevantes* Ecoturismo, investigación científica, relaciones internacionales.

# 1 Parque Nacional del Manu.
# Una de las mayores biodiversidades de la Tierra.

El barco sube el río Manu lentamente, de forma que los turistas que están en él puedan fotografiar y admirar el paisaje típicamente amazónico de inmensos árboles, río lodoso de deposición y movimiento, aquí y allá, de un ave o animal en la margen. Después de una curva del río, en la contramano de los turistas y de la historia del siglo XX, tres inmensas canoas vienen navegando. A bordo, por lo menos una decena de los temidos guerreros Yaminahua, cuyos frentes de contacto se habían establecido pocos años antes. Desnudos, a no ser por un minúsculo taparrabos y arcos y flechas colgados sobre los hombros, parecen una visión llegada del pasado.

Un momento de tensión se establece, los turistas bajan las cámaras y también, levemente, la vista. El práctico reduce aún más la velocidad como para no ofender la quietud de las canoas. La selva parece quedar inmóvil. Solamente los indios encaran la escena, girando sus cabezas para mirar a aquella gente supervestida, muy habladora que parece haber perdido, de repente, la lengua, las maneras, los gestos.

Rápidamente, llega otra curva del río y las tribus tan opuestas retoman su curso, distanciándose. En el escenario del encuentro, nuevamente las aguas se calman, lodosas. Los árboles se orientan hacia el sol. Vuelven los sonidos de la selva. Es como si allí, nada hubiese ocurrido.

*El Parque Nacional del Manu es en su mayor parte amazónico, y justamente por eso trae en su esencia esa característica de las selvas tropicales cuando son dejadas en paz: el don de rehacerse, reinventarse al sabor de las lluvias y de la humedad.*

Aún siendo una región de difícil acceso, ya que, escondidas por las escarpadas montañas andinas, aquellas tierras ya fueron escenario de innumerables encuentros y contraposiciones: los incas contra los pueblos nativos, los españoles colonizadores contra los incas, los españoles contra los indios, los barones del caucho contra todos, inclusive contra los árboles. La región del Manu fue testigo de todos estos embates, habiendo sido, en mayor o menor grado, agredida a lo largo de los siglos. Curiosamente, después de un tiempo, parece haber salido siempre ilesa, sin ningún rasguño.

En 1967, el mayor inglés Ian Grimwood fue encargado por el gobierno peruano de encontrar una gran área ideal para un parque nacional. Ya estaba con las valijas listas para volver a Inglaterra, dando su misión por fracasada, cuando encontró al naturalista Celestino Kalinowsky – considerado el "padre" del Manu –, y aceptó la invitación para conocer el área. Volvió con el sueño de un parque y la certeza de no haber visto nunca en ninguna otra región Amazónica, una concentración de fauna tan grande.

*El Parque Nacional del Manu es una de las mayores reservas de selva tropical del mundo, con una inmensa biodiversidad dentro de sus 1.692.137,26 hectáreas. Es parque nacional desde 1973, reserva de la biosfera proclamada por la Unesco desde 1977 y considerado Patrimonio Natural Mundial desde 1987. No faltan títulos, ni complejidades a Manu. Lo mismo se puede decir de sus paisajes.*

El Parque Nacional del Manu tiene una situación especial en el mundo, por abarcar tantos y tan diferentes ecosistemas. Nace en lo alto, específicamente a 4.020 metros de altitud en un paisaje totalmente andino conocido como Puna, que recuerda la tundra europea de vegetación escasa donde predominan vientos fríos y una hierba dorada siempre en movimiento. Este Perú andino, medio helado, queda sólo a 100 kilómetros de la antigua capital inca de Cuzco y de las ruinas de Machu Picchu. Sin embargo, bastan pocos kilómetros desde su límite occidental, descendiendo rumbo al Amazonas, para que Manu altere radicalmente sus rasgos, bajando por la sierra, nos sumergimos en un mundo húmedo y neblinoso, la selva de las escarpas, llamada selva nublada de altitud. Es un trecho misterioso, formado por vegetación densa, de árboles bajos y con hojas perennes. Un dominio que se extiende en las altitudes de 3.500 a 1.000 metros encima del nivel del mar. Poquísimo estudiada, la selva nublada es reconocida como portadora de un alto grado de endemismo.

Descendiendo algunas centenas de metros más, rumbo al río Manu, el visitante entrará abruptamente en un tercer reino, los dominios amazónicos de tierras bajas, árboles altísimos, innumerables ríos y riquísima biodiversidad. Vida que se ve, que salta a los ojos. Llama la atención en la porción Amazónica del Parque Nacional del Manu la inmensa cantidad de animales que se pueden observar. Las aves adornan el cielo del Manu. Principalmente papagayos coloridos que se alimentan de los minerales presentes en las barrancas de los ríos. Son más de mil especies de aves ya registradas allí, más de 10% de las especies existentes en todo el planeta.

La concentración de especies de monos (más de 12) también es muy grande, desde especies muy pequeñas, como el mono leoncito (*Cebuella pygmaea*), con apenas 120 gramos, al mono choro común (*Lagothrix lagotricha*) que llega a los 11 quilos. Otro animal que se destaca es la nutria gigante (*Pteronura brasiliensis*), actualmente extinta en muchos ríos de América del Sur y que allí conserva poblaciones significativas.

*Esta facilidad para la observación de la fauna en Manu fue fundamental en la historia del parque, atrajo investigadores de renombre mundial. Tanto que, ya en 1970, había en su interior una estación de investigación fundada por dos biólogos alemanes, que más tarde recibiría el nombre de Estación Biológica de Cocha Cashu de donde salieron más de 300 trabajos científicos publicados.*

La dedicación y compromiso de estos investigadores, a lo largo de las décadas, se mostró fundamental para la divulgación y el fortalecimiento institucional del parque – fue adquirido un inmenso conocimiento que contribuye a su manejo y a su divulgación, haciendo que Manu sea un patrimonio conocido y admirado mundialmente.
La visibilidad traída por los investigadores fue el motor de la participación, garantía de conservación y el primer paso para establecer acuerdos. Este fue el caso del ornitólogo norteamericano Charles Munn que después de producir un rico material científico sobre el parque, publicado por muchas redes de TV y revistas internacionales, creó una serie de programas de ecoturismo en el entorno del parque. Con apoyo de la organización no gubernamental (ONG) Perú Verde que Munn ayudó a estructurar, los programas de ecoturismo trajeron una nueva perspectiva de subsistencia a las comunidades locales, que se convirtieron en importantes aliados de la conservación ambiental. Recientemente, el programa fue ampliado para reservas indígenas.

Obteniendo recursos y promoviendo la capacitación de la población indígena para el nuevo negocio, Munn los asesoró en la construcción de un "lodge" al oeste del parque, más precisamente en la comunidad de Timpia. En sólo 6 meses de funcionamiento y con solamente 6% de ocupación promedio, el "lodge" ya generaba – sin alterar el medio ambiente – más recursos que las tradicionales plantaciones de café. La ocupación (y la facturación) crece desde entonces, generando una importante alternativa de renta para la comunidad.

Otro punto en el que se destacó Manu como unidad de conservación, captando dinero, turistas y apoyo, fue el reconocimiento internacional que llevó al decreto por el cual se declaró al área Reserva de la Biosfera por la Unesco por medio del programa El Hombre y la Biosfera (Man and Biosphere –MaB). El MaB, creado en 1968 durante la Conferencia de Conservación y Uso Racional de la Biosfera, encara hoy uno de los mayores desafíos de la humanidad, cómo conciliar el desarrollo económico con el mantenimiento de la biodiversidad y la mejora de la calidad de vida de las poblaciones, de ésta y de las generaciones futuras. Es un programa gerenciado por científicos y ambientalistas de todo el mundo, que presenta los conceptos y prerrequisitos de protección ambiental que deben ser implantados en la práctica.
El proceso es iniciado por los gobiernos que, unidos con ONGs y con la sociedad civil, promueven junto al MaB la designación como reserva de la biosfera de una determinada región. De esta forma se inicia el trámite que podrá tener como resultado obtener esa denominación.
De cualquier modo, al solicitarle al MaB que emita un decreto de una reserva de la biosfera, todos asumen serios compromisos para la conservación, la sustentabilidad y la justicia social en esas áreas. Es como un certificado de calidad que podemos agregarle a una región, que ciertamente abrirá algunos caminos, pero también creará determinados deberes. En el caso del Manu, forman parte de la reserva de la biosfera, además del parque, un área lindera donde fue instituida una zona cultural y una zona reservada. La zona cultural es una especie de reserva de extracción dentro de los moldes brasileños, que garantiza el uso sustentable de los recursos naturales por las poblaciones que en ella residen, mientras que la zona reservada, que por mucho tiempo tuvo un destino de uso indefinido, actualmente es un área para ser visitada, recientemente incorporada al parque. Las tres áreas totalizan 1.881.200 hectáreas y son un incentivo para que áreas vecinas al parque sean adquiridas para preservación, por ONGs o por propietarios privados, ampliando el área protegida para más allá de los límites del parque.

*Además del status de reserva de la biosfera, Manu, en 1987, recibió el título de Patrimonio Natural Mundial, otro programa de la Unesco del que participan más de 160 países con un compromiso común: salvaguardar y cuidar áreas que, no importa en que lugar del planeta se encuentren, contarán con ayuda permanente para preservar su existencia, su belleza, su riqueza natural y cultural, su intensidad conmovedora.*

El título de Patrimonio Natural Mundial reforzó aún más la importancia de la conservación del Manu, bajo todos los aspectos. Allí, donde todavía existe una forma tradicional de vida, donde los pájaros sorprenden por sus colores y donde animales pueden ser vistos en medio de la selva, existe un mensaje para el planeta sobre la importancia de proteger la diversidad.

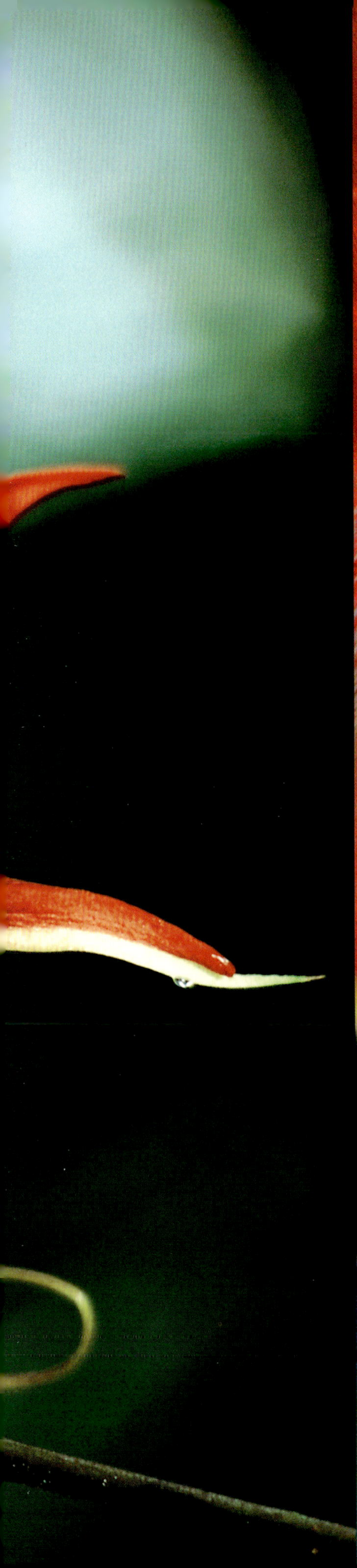

El joven del pueblo machiguenga es guía en el parque. El turismo trajo una nueva perspectiva para las poblaciones nativas de esta región, antes dependientes del cultivo del café para su sustento.

En la época de las lluvias, las aguas crean y recrean la selva: árboles inmensos son arrancados de las barrancas por el río y arrastrados durante largos trayectos.

El grito de este pequeño cotomono (*Alouatta seniculus*) puede ser oído a kilómetros de distancia, estableciendo la comunicación entre los grupos.

La selva Amazónica está tejida por una gran trama de lianas. Ésta, llamada "escalera del mono", crea puentes colgantes en las copas de los árboles. Así, cuando un gran árbol muere o es cortado, cae arrastrando junto con él a otros.

El río es la ruta de la selva: todo el transporte se hace en canoas o barcos, llevando turistas, investigadores y nativos a sus destinos.

El trabajo de educación ambiental de las poblaciones del Manu involucra especialmente a los niños. Especies antes vistas solamente como alimento o juguete hoy son protegidas por los pequeños.

Manu es un parque que abriga algunas tribus indígenas aún aisladas o con poco contacto con el blanco. Utilizando técnicas tradicionales para cazar y pescar, viven la vida todavía como sus antepasados.

Un grupo de orugas serpentea por la selva, como si fuese una única expresión de vida. En conjunto, las chances de sobrevivencia son mayores.

En Timpia, en la reserva de la tribu machiguenga, ubicada al oeste del parque, los indígenas coordinan una experiencia exitosa en ecoturismo.

Muchos machiguengas viven aislados en pequeños grupos en la selva del Manu, hablando solamente su lengua tribal y cultivando el mismo modo de vida de sus ancestros. ¿Hasta cuándo?

Los ríos del Amazonas son grandes criaderos de vida. El río Manu, que cruza gran parte del parque, tiene aguas barrosas en virtud de la gran cantidad de sedimentos, que vienen de los Andes, arrastrados en su trayecto.

La selva Amazónica tiende a ser monocromática. De esta forma, flores de colores sobresalen, atrayendo insectos, pájaros, así como observadores de la fauna y de la flora.

Los guacamayos rojo (*Ara macao*) están amenazados por la pérdida de su hábitat y por la caza depredadora.

En el Parque Nacional del Manu, grupos de guacamayos rojo y verde (*Ara chloroptera*) pueden ser vistos en las barrancas de los ríos, donde se alimentan de arcilla cuyos minerales neutralizan las toxinas de su dieta de semillas.

# 2 Los muchos caminos del Sur.
# Parque Nacional Torres del Paine.

*Ubicación* Sur de Chile.
*Área* 242.242 hectáreas.
*Fecha de creación* 1959 bajo otro nombre y con poco más de 4.000 hectáreas. En 1970 recibe su nombre actual. Declarado reserva de la Biosfera por la Unesco en 1978.
*Ecosistema* Hay mucha variación y entrelazamiento de ecoregiones. En las planicies bajas, están las estepas patagónicas. En las cuestas de las montañas, el bosque magallánico y en las alturas, el desierto andino.
*Clima* En las estepas, semiárido y frío. En las montañas, templado. Más agradable en los meses de verano y extremadamente helado en invierno.
*Aspectos relevantes* Turismo de aventura y deportivo (trekking, montañismo, andinismo, canoaje); desarrollo de proyectos con la iniciativa privada.

# 2 Parque Nacional Torres del Paine. Los muchos caminos del Sur.

América del Sur termina en una especie de punta que se curva hacia el Atlántico. Tiene la forma de una coma continental cuyo final ha sido realmente el fin para muchos navegantes: las aguas y vientos furiosos del cabo de Hornos. Muchos denominan a toda esta punta, "tierras del fin del mundo", ya que se trata de una de las regiones menos habitadas del planeta. Y no es realmente muy fácil vivir por allí, es un área helada, comúnmente fustigada por vientos que recuerdan huracanes por su fuerza. En las tierras del fin del mundo todo parece extremado.

La historia geológica y sus movimientos tectónicos le dieron este tono de embate y furia, ya hace mucho tiempo. Todo comenzó hace cerca de 70 millones de años con la placa oceánica de Nazca siendo desplazada fuertemente hacia abajo de la plataforma continental de América del Sur, forzando la elevación de las montañas de los Andes. En la región de la coma, donde todo antes era una planicie, sedimentos e hielo, la fuerza y la presión fueron tan grandes que forjaron dentro de las capas más profundas de la tierra enormes bloques de granito. En una revolución final, hace aproximadamente 12 millones de años, esos bloques fueron expelidos hacia la superficie terráquea formando un macizo de montañas, de las más bellas que existen en todo el mundo, las torres, los cuernos y las alturas del Paine.

El tiempo, las aguas y el viento fueron lavando las rocas sedimentarias que cubrían todo y desnudando una formación impresionante: paredones verticales y abruptos, algunos de ellos con más de 1.000 metros de altura.

*Paine quiere decir azul en la lengua de los indios Tehuelches; tal vez porque estas impresionantes montañas parecen pertenecer al cielo, tal vez porque visto desde las planicies patagónicas, de donde vinieron los indios, el granito que las compone tiene tonos azulados. Formación intermedia entre la pampa oriental (lado Atlántico) y las altas montañas al occidente del paisaje (los Andes del lado del Pacífico), las torres del Paine acaban creando a su alrededor todo un clima especial, templado en el verano y extremadamente frío en el invierno, pero donde siempre, siempre, habrá un viento helado que sopla, que sube las cuestas, que abraza las montañas.*

Y es bueno dejar claro, Paine es el Paine, no son los Andes, no es el Atlántico, ni el Pacífico, tiene una identidad propia, una geología única que rige el lugar. Mejor sería decir que son montañas que no se intimidan con las alturas de los Andes y que, ciertamente, dominan la pampa. Son montañas reinas.

En este reino aparte, la flora adquiere forma de jardín, alternando vegetación arbustiva y rastrera que se colorea intensamente en la primavera, recordando jardines de belleza especial, y algunos bosques de coníferas que ahora, después de la expulsión de los estancieros y del ganado de dentro del parque, retoman su imponencia. Los animales silvestres también retornaron, después que el Paine volvió a vivir su propia naturaleza: los guanacos (*Lama guanicoe*), el puma (*Felis concolor*) y el zorro gris (*Dusicyon gymnocercus*) que estaban casi extintos en la región, hoy, 20 años después, totalizan poblaciones significativas y relativamente fáciles de ser vistas, principalmente los guanacos y los zorros. Este programa de recuperación contó con el importante apoyo de guardaparques especialmente entrenados y distribuidos en cada uno de los ocho sectores del parque.

*Hay también algunos mantos que abrazan el Paine, tornándolo verdaderamente irreal. Son los glaciares o moles heladas, verdaderos ríos de hielo que bajan de las montañas, como grandes lenguas azuladas y se sumergen en los lagos situados en altitudes más bajas. Es la vertiente occidental del Paine, su cara helada, con sus cumbres elevadas y grandes extensiones nevadas que forman una verdadera barrera natural que separa la Patagonia del Océano Pacífico.*

Este "campo de hielo" comparable solamente al de Groenlandia y de sectores de la Antártida, se formó en el último período de glaciación que terminó hace de 12 a 10 mil años. Los glaciares pueden ser hasta llamados "ríos" ya que son también agua en movimiento, el hielo baja de las cumbres y alturas, a muy poca velocidad, arrastrando lo que encuentra en su camino. Al llegar a los lagos, ya bien compactado, suelta grandes bloques que salen navegando, sin rumbo, llevados por las corrientes, derritiéndose poco a poco, son los conocidos icebergs. Cuando un iceberg cae del glaciar y se sumerge en el lago puede provocar un gran estruendo y olas que agitan las aguas.

Y si las montañas son reinas, los escaladores son los caballeros modernos, el parque y sus rutas de escalada atraen innumerables expediciones y deportistas individuales, de todo el mundo. Ellos vienen para conquistar las montañas y experimentar sensaciones límite, el encuentro con el hielo, con los paredones que parecen obstáculos imposibles de ser transpuestos, el encuentro consigo mismos en medio de la inmensidad de la naturaleza, tal vez éste, el más desafiador de todos.

Fue alrededor de 1890 que colonizadores alemanes e ingleses resolvieron ocupar las actuales áreas del parque, al principio con agricultura de subsistencia, después con la cría extensiva de ganado bovino y caprino, causando un gran impacto ambiental, tanto en la vegetación, como en las poblaciones de animales silvestres. En 1930, chilenos interesados en la conservación de la vida silvestre proponen la creación de un parque en ese lugar, lo que sólo se oficializa en 1959 con la creación por decreto del Parque Nacional de Turismo del Lago Grey, con un área de 4.332 hectáreas. En 1970, una remodelación significativa: el área es ampliada para 35.532 hectáreas y el parque es rebautizado con su nombre actual. En los años siguientes el Paine incorporaría aún más territorio, llegando actualmente a las expresivas 242.242 hectáreas.

*En 1978 la Organización de las Naciones Unidas para la Educación, la Ciencia y la Cultura (Unesco) decreta al área reserva de la Biosfera, aumentando aún más el interés internacional por el Paine.*

*La creación del parque nacional y su estructuración, en los años 80, atrajo un número creciente de turistas. La primera acción fue la de trazar un gran circuito de senderos que circundan las Torres, recorriendo un trayecto de más de 230 quilómetros que posibilita al visitante permanecer durante varios días dentro del parque.*

Además de senderos bien demarcados, en cada etapa del camino el visitante encuentra algún tipo de hospedaje, desde campings, refugios y hoteles hasta de real lujo. La estructura para recibir a sus visitantes es un ejemplo que el Paine tiene para dar a los parques nacionales de América Latina, pues allí todo tipo de turista encuentra una opción a su gusto para disfrutar de aquella naturaleza: de áreas de "camping", pasando por un simple albergue de montaña, hasta un sofisticadísimo hotel cinco estrellas. También es importante el hecho de que toda esta estructura se limita al 4% del parque abierto al público, 96% del área del Paine prácticamente no tiene interferencia humana.

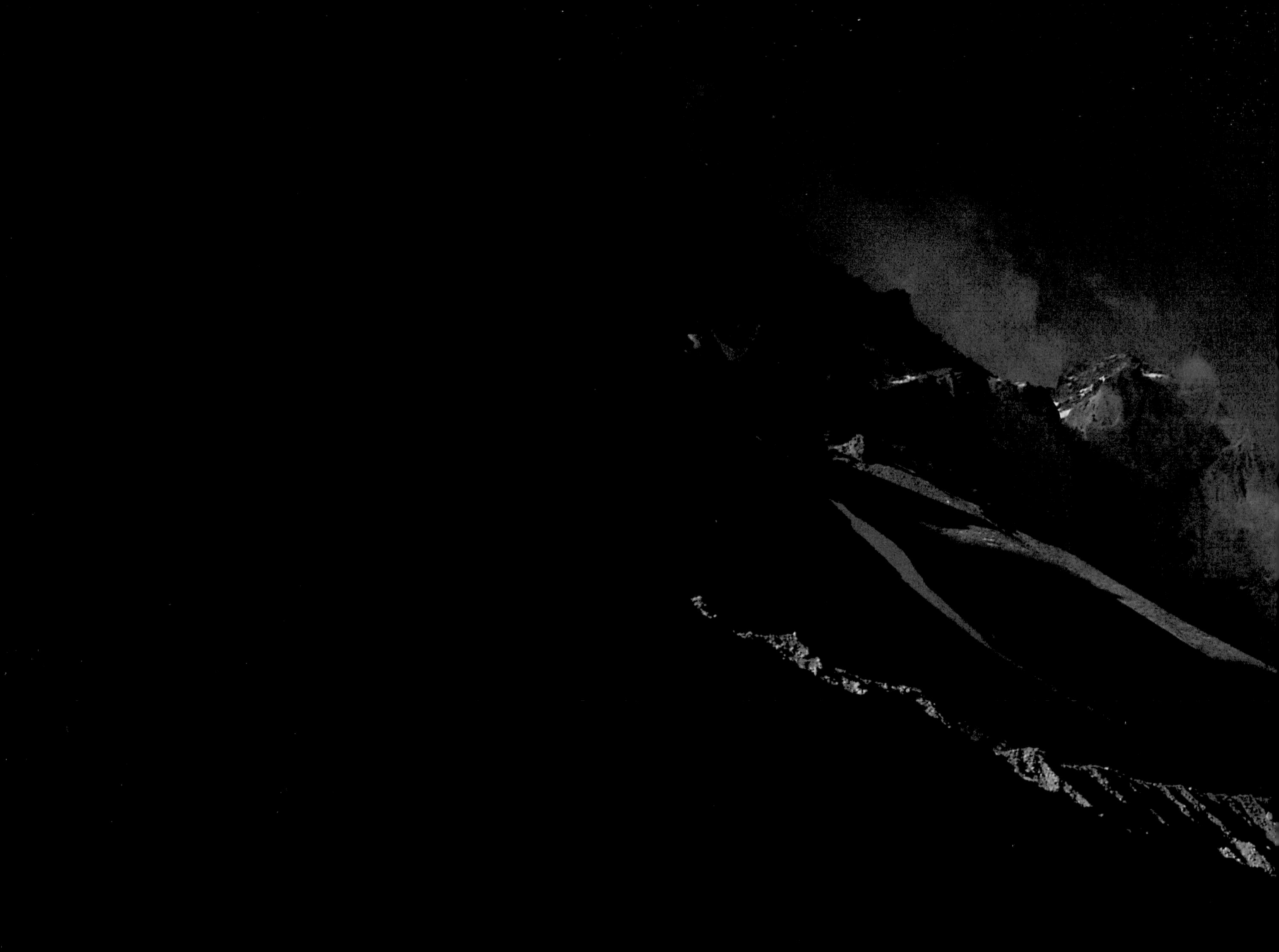

El programa de preservación del parque, aliado a la mejora de su estructura básica, sus senderos, su seguridad y el equipo de guardaparques, convirtió al Paine en un lugar interesante para inversiones en el área de turismo.

*La forma de buscar y establecer relaciones con la iniciativa privada fue otro punto ejemplar del Paine, a pesar de bien diversas, desde hospedaje, transporte y servicio de guías al alquiler de equipos, muchas actividades fueron ofrecidas en concesión, siguiendo rígidos patrones de calidad y tienen, contractualmente, que responder a una serie de exigencias. Hay un control constante realizado por los guardaparques sobre los concesionarios.*

En estas visitas son analizados todos los compromisos asumidos por contrato y el no cumplimiento de alguno de ellos impone sanciones severas, que pueden llegar hasta la anulación de la concesión. De la misma forma, cada tanto, los valores destinados al parque son reevaluados para que el acuerdo beneficie, siempre, los dos lados. Con estas evaluaciones y cuidados, se mantiene la calidad tan necesaria. Estos acuerdos y concesiones representan hoy una importante fuente de recursos para el Paine e incrementan los presupuestos para mejoras en el control de las visitas, en los gastos con la limpieza de los senderos, en el control constante hecho por los guardaparques.

El parque acabó por impulsar el turismo de toda la región, creando una alternativa más lucrativa teniendo en cuenta una economía que se basaba en la cría extensiva de ganado, concentradora de riquezas y causadora de grandes daños ambientales. Con el turismo se crearon también más empleos. Hasta la pequeña ciudad de Puerto Natales, a 150 kms de distancia y pasaje obligatorio para quien va al parque, tiene hoy en el turismo su principal fuente de recursos.

El Parque Nacional Torres del Paine muestra así que alcanzó realmente una situación privilegiada, no solamente por su geología y paisajes, sino por el tipo de compromisos y relaciones que allí se afirmaron entre el gobierno y la iniciativa privada. Buenos vientos traen estas noticias para los demás parques nacionales de América Latina. Los vientos helados del sur.

El macizo del Paine es el resultado de un proceso de erosión milenario: el tiempo, las aguas y el viento fueron lavando las rocas sedimentarias que cubrían todo y desnudando estas formaciones impresionantes de paredones verticales. Algunos de ellos tienen más de 1.000 m de altura.

Con la creación del parque nacional y la retirada del ganado, la población de guanacos (*Lama guanicoe*) volvió a crecer, simbolizando un rescate de las condiciones ambientales anteriores a la llegada del europeo.

El calentamiento paulatino del planeta ha afectado profundamente las áreas heladas del mundo. En Torres del Paine, los glaciares también se están reduciendo, poco a poco.

Después de retirado el ganado de las áreas del parque nacional, los bosques comienzan a recuperarse, retomando su imponencia.

Las torres del Paine son el gran atractivo del parque y para visitarlas es necesaria una larga y ardua caminata. Los parques nacionales propician este tipo de sensación de conquista de la naturaleza.

El parque es una meca para escaladores de todo el mundo, atrayendo innumerables expediciones y deportistas solitarios.

Después del invierno riguroso, campos de flores silvestres transforman el paisaje.

Este inmenso "campo de hielo" de América del Sur, comparable solamente a los de Groenlandia y Antártida, se formó en el último período glaciar que terminó de 12 a 10 mil años atrás.

La Patagonia se caracteriza por alteraciones climáticas bruscas en un corto espacio de tiempo. El viento puede ser tan fustigante que el refrán "que el viento sople a su favor" se convierte en algo más que necesario.

# 3 En el cerrado, la trama de la vida.
# Parque Nacional de la Chapada dos Veadeiros.

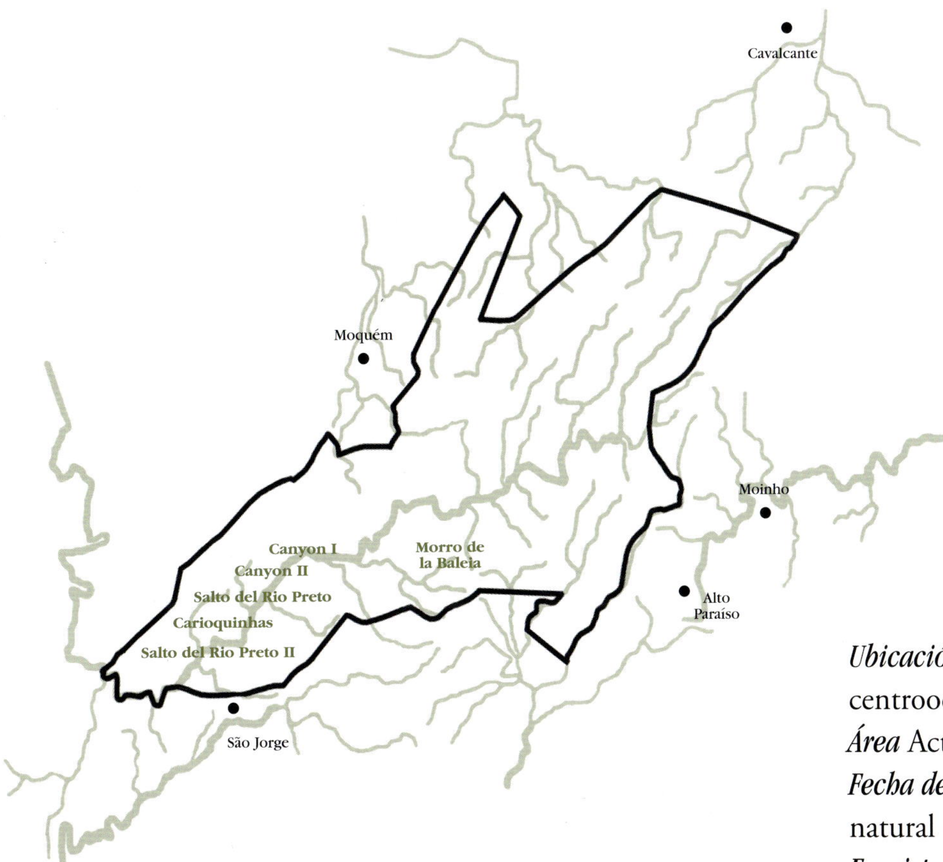


*Ubicación* Nordeste del estado de Goiás, región centrooeste de Brasil.
*Área* Actualmente 65.514 hectáreas.
*Fecha de creación* 1961. En 2001 declarado patrimonio natural mundial por la Unesco.
*Ecosistema* Cerrado de altitud.
*Clima* Con altitudes variando de los 500 a los 1600 metros presenta un clima tropical semihúmedo, con cuatro a cinco meses bien secos y un promedio anual de temperatura de 25°C.
*Aspectos relevantes* Ecoturismo y capacitación de la población local como conductores de visitantes. Reservas Particulares del Patrimonio Natural (RPPNs) en el entorno del parque y polo del corredor ecológico Paraná-Pireneus.

# 3 Parque Nacional de la Chapada dos Veadeiros. En el cerrado, la trama de la vida.

El paisaje es impresionante. Algunos de los cañones y altiplanos de la chapada dos Veadeiros recuerdan fortalezas con sus laderas escarpadas verticales y abruptas. Reforzando la idea de aislamiento, desfiladeros y ríos en el fondo de gargantas, nos llevan a fosas infranqueables.

Tal vez por su geomorfología accidentada de sierras y alturas, tal vez simplemente porque el "vacío del Brasil central" era realmente medio vacío, el hecho es que desheredados de todos los orígenes intentaron hacer en aquella porción del cerrado sus reinos protegidos. Algunos lo consiguieron. Por lo menos por algún tiempo.

Los indios avá-canoeiro del tronco linguístico tupí, por ejemplo, hábiles en sus canoas de río, hicieron de la chapada dos Veadeiros su refugio, hasta casi el último individuo. Blanco de persecuciones sistemáticas desde remotos tiempos coloniales cuando combatían ferozmente a los portugueses, en el siglo XIX optaron por organizarse en pequeños grupos de fácil movilidad y también de fácil olvido. Tantos que en los años 80, cuando nadie más se acordaba de ellos, trabajadores de una hidroeléctrica que iban a inundar la sierra da Mesa (al oeste de la chapada) junto con empleados de la Fundación Nacional del Indio (Funai), encontraron un grupo formado por una pareja y dos mujeres de mayor edad, que desde hacia 20 años se escondían en cavernas y en lo alto de las montañas, huyendo todos los días: día tras día. No había niños entre ellos, porque Tuia, la mujer joven, no permitía que sus embarazos se desarrollasen: bebés harían mucho ruido y dificultarían la movilidad. Después de contactados y protegidos en una reserva en la isla del Bananal, Tuia y su marido tuvieron dos hijos varones. La esperanza de la Funai desde entonces es que, deambulando por la chapada dos Veadeiros todavía se encuentre algún otro pequeño grupo y con ellos una o más niñas. Para que la otrora gran nación avá-canoeiro no se extinga.

*También fue en la chapada dos Veadeiros que poblaciones negras, los llamados kalungas, escribieron su historia de resistencia. Según los registros, los kalungas eran negros bantús, habilidosos en el arte de la mineración y de la fundición, que habían sido traídos para Minas Gerais a partir del siglo XVIII para que trabajaran como esclavos. Huyeron, buscando más y más el interior hasta que llegaron a las tierras de esta chapada y allí construyeron su sueño de libertad.*

Lograron de esta forma, protegidos por los accidentes de la geografía – ríos, sierras y caminos difíciles –, mantenerse reunidos y casi aislados hasta los años 80, cuando Brasil, boquiabierto, "descubrió" las cinco comunidades de esclavos escapados kalunga donde vivían cerca de 3 mil personas.

Y hasta revolucionarios también se refugiaron en ella. Más precisamente de 1925 a 1927 cuando ocurrió la Revolución de los Tenientes. Los jóvenes militares que querían deponer al gobierno y salieron en marcha por el interior de Brasil bajo las órdenes de su comandante Luiz Carlos Prestes, encontraron su refugio en aquellos paisajes.

Y qué paisajes. La chapada dos Veadeiros es un cerrado en las alturas (su punto más alto llega a más de 1.600 metros) contrastando con tierras bajas y planas del altiplano Central de Brasil. Solamente 3% del cerrado es considerado cerrado de altitud, que conjuga un clima más ameno con el verde/dorado de los campos de pastoreo naturales, enmarcados, aquí y allí, por sierras abruptas, paredones de altiplanicies y cañones. En la proximidad de sus aguas – la chapada dos Veadeiros es riquísima en ríos, abrigando, entre otros, las cabeceras del gran río Tocantins –, palmeras de distintas especies ornamentan el escenario balanceando al viento sus hojas en forma de abanico. Los árboles bajos, de ramas retorcidas y de cortezas gruesas, típicas de esta biomasa, después del inicio de las lluvias (octubre /noviembre) se cubren de flores que contrastan con el cielo siempre azul, siempre soleado.

*El cerrado, la sabana brasileña, es la segunda biomasa en extensión en el país, alcanzando un cuarto de nuestro territorio, cerca de 1 millón 700 mil km², es un ecosistema riquísimo en especies y con grandes índices de endemismo. Hasta los años 60 quedó relegado (y preservado) por la noción de que estaba formado por tierras poco fértiles e improductivas. Después de la construcción de Brasilia, sin embargo, sus planicies comenzaron a ser vistas como tentadoras para una agricultura masiva y mecanizada, lo que causó, en un cortísimo plazo (40 años), la destrucción de 80% de ese ecosistema.*

En buena parte de esta región, donde ayer se veían pastos dorados, árboles de formas retorcidas y palmeras, hoy se ven monocultivos.
Por el camino de las carretas, o mejor, de los tractores y de las cosechadoras, mañana, muy probablemente, se verá la desertificación.

El Parque Nacional de la Chapada dos Veadeiros refleja un poco la leyenda del cerrado.

*En 1961, inmediatamente después de la fundación de Brasília, por un decreto del entonces presidente Juscelino Kubitschek se le puso el nombre de Parque Nacional de Tocantins. Tenía en esa época, 625.000 hectáreas. En los años siguientes a los de la dictadura militar (1964), así como los indios, los negros y los tenientes, las tierras sufrirían una persecución implacable por parte de estancieros y especuladores inmobiliarios, que consiguieron reducirlas para poco más del 10% de su área original. En 2001, después de haber recibido el status de Patrimonio Natural Mundial por la Unesco, el gobierno brasileño amplió el área del parque para 235.970 hectáreas, pero la medida fue declarada inválida por una decisión judicial. Está en curso un nuevo proyecto de ampliación.*

El nombre Veadeiros era el apodo que se les daba a los perros de los cazadores de veados-campeiros (una variedad de ciervos), antes abundantes en esta parte del cerrado, animales actualmente en extinción.

Alrededor de 1940 la principal fuente de renta de la chapada venía de la explotación de sus inmensas minas de cristal de roca. En 1944 más de 2 mil mineros vivían en el área actual del parque. Más tarde, la producción de cristal sintético para uso industrial, terminó con las búsquedas, dejando como testigos sólo algunos trechos de terrenos removidos en donde se asoman, brillantes, millares de pequeños cristales. La presencia de las piedras, consideradas como "energéticas", atrajo al lugar otro tipo de negocio, místicos y esotéricos de todo Brasil y del exterior van a la chapada como lugar de cura o meditación, dando impulso al ecoturismo o, como lo llamam localmente, al esoturismo. Hoy, incluso después del descubrimiento del área por los turistas de grandes centros, en gran parte provenientes de Brasilia, el clima místico todavía se siente en innumerables comunidades poshippies, en templos y hasta en un "observatório para platos voladores", como les gusta llamar al mirante del Isto.

Los mineros de otrora y sus familias, permanecieron en los pueblos y ciudades de la región y poseen, hoy, una perspectiva totalmente nueva de vida, la de atender al turismo y participar de la vida cotidiana del parque como Conductores de Visitantes. Un programa especial de Ibama, de ONGs y de la Secretaría del Medio Ambiente del Estado de Goiás, realiza a lo largo de los últimos 10 años, una capacitación que profesionaliza a estos guías, creando un verdadero equipo de conservacionistas. Los conductores de visitantes obtienen su sustento del parque y además de guiar a los turistas, son responsables por su seguridad, por la limpieza de los senderos y por controlar los horarios y límites establecidos. Forman también parte de las brigadas de incendio – el fuego es un problema crónico del cerrado –, y de salvamento, para los que fueron entrenados.

*La actividad turística aliada a la conservación ambiental, también contagió a los propietarios de tierras de los alrededores que, beneficiándose de la Ley 9.985 que aprobó el Sistema Nacional de Unidades de Conservación (SNUC), transformaron sus áreas en RPPNs, recibiendo con eso, además de exención de impuestos rurales, apoyo para el desarrollo de proyectos de ecoturismo. Estas actividades se han mostrado mucho más rentables que la explotación agropecuaria de sus tierras. Actualmente, algunas de las más visitadas atracciones de la chapada se encuentran fuera de los límites del parque.*

Esto, sin mencionar que estas RPPNs representan un aumento considerable en la superficie natural protegida, ampliando el lugar de circulación de animales y garantizando un mayor intercambio genético entre las especies de la región. La RPPN Cara Preta, de casi 1000 hectáreas, es un buen ejemplo: contribuye inmensamente con el parque por proteger las nacientes del río Preto, que forma sus principales cascadas.

En el año 2000, a través de decreto, fue creado un Área de Protección Ambiental (APA) alrededor del parque, con más de 800.000 hectáreas, abarcando 4 municipios: el APA de la Sierra do Pouso Alto.

Con la tendencia de crecimiento de protección a las áreas y a las relaciones de vida en el parque, podemos decir que la chapada dos Veadeiros camina hacia una nueva historia, un nuevo destino. No se cierra ni se aisla, como sus poblaciones en el pasado, y sí, se extiende, rumbo a otras unidades de conservación de Goiás y de Minas Gerais. Ahora mucho menos castillo, mucho más como una trama. La trama de la vida.

Durante la primavera, el cerrado explota de colores. Muchas de sus flores son bien manejadas, cortadas y comercializadas, como es el caso de la *Paepalanthus* (variedad de siempreviva del cerrado).

El ecosistema del cerrado es de los más ricos en vida, sin embargo, también uno de los más amenazados de Brasil.

El turismo, al convertirse en una actividad lucrativa, propició la conservación de la región de Raizama. Donde antes había una hacienda de ganado, hoy existe una RPPN, abierta al público.

Para el observador atento, las rocas de los lechos y de los alrededores de los ríos del parque son un atractivo especial.

El cerrado, conocido como la sabana brasileña, es la segunda biomasa en extensión del país, alcanzando un cuarto del territorio brasileño, aproximadamente 1 millón 700 mil $km^2$.

La fauna, en las regiones protegidas, tiende a ser más amistosa por no sentirse tan amenazada por la presencia humana. Es el caso de este tucán toco (*Ramphastos toco*).

El río Almácegas tiene varias cascadas que son uno de los atractivos de los alrededores del parque. El nombre del río viene de una planta del cerrado de donde se extrae una resina balsámica, utilizada con fines terapéuticos.

La protección de las aguas cristalinas del parque ha sido prioridad. La RPPN Cara Preta fue creada por la iniciativa privada, para preservar las nacientes del río Preto, el principal río del parque.

Después de décadas de ser depredado, proteger al jaguar (*Panthera onca*) es un gran desafío para los parques nacionales.

# 4 Creatividad y selva viva.
# Parque Nacional Volcán Arenal.

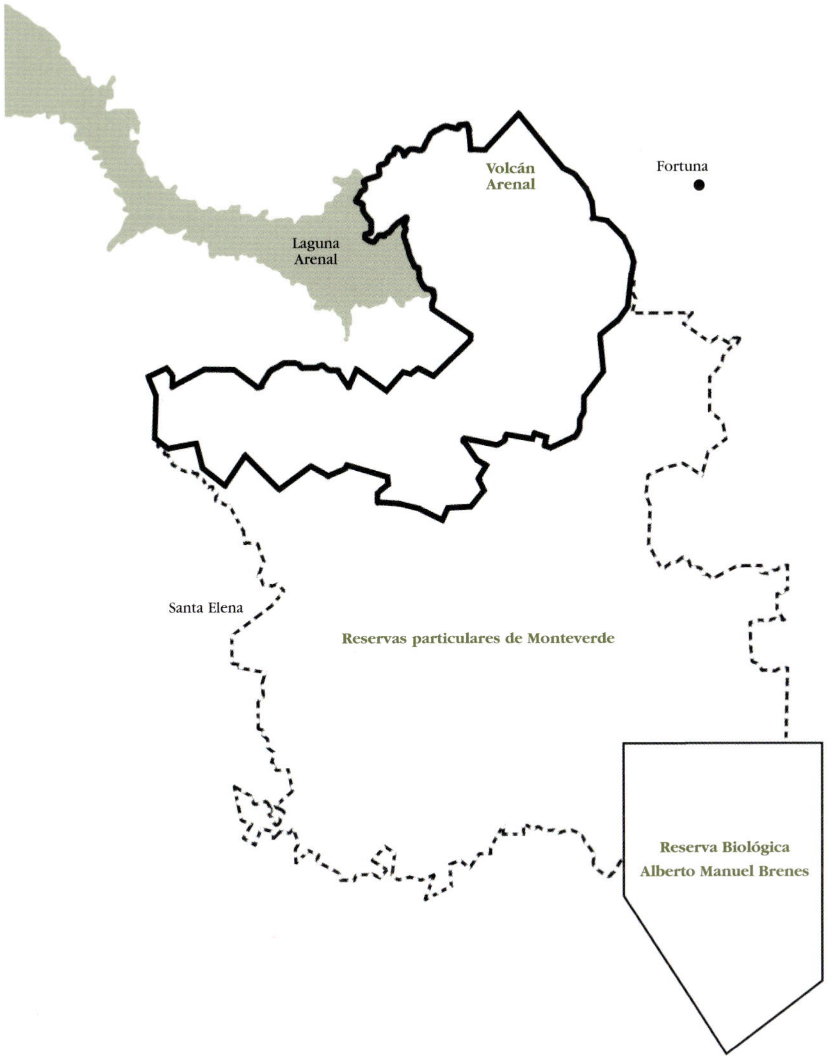


*Ubicación* Cordillera de Tilarán, norte de Costa Rica.
*Área* 12.016 hectáreas.
*Fecha de creación* 26 de setiembre de 1994.
*Ecosistema* Selvas tropicales en las zonas de baja altitud, bosques nublados en las laderas de las montañas.
*Clima* Predominancia de clima tropical, con alta pluviosidad que llega a 5.500 mm/año.
*Aspectos relevantes* Ecoturismo en reservas particulares, creatividad en las atracciones; corredores de interconexión para fauna y flora.

# 4 Parque Nacional Volcán Arenal. Creatividad y selva viva.

Costa Rica forma parte de una tierra joven, geológicamente hablando. Nació en el "ayer" de la historia del planeta, sólo hace 3 millones de años sobre un total de 4,3 mil millones, fruto de la presión de placas continentales que elevaron el suelo del océano causando un intenso volcanismo, que hasta los días de hoy, una vez u otra, muestra su furia.

Y fue justamente eso lo que ocurrió en aquel 29 de julio de 1968, en la región noroeste de Costa Rica. Cuando nadie esperaba, la tierra escupió calor y lava incandescente tan fuertemente que un área de 12 $km^2$ fue devastada en pocas horas, matando casi 100 personas y destruyendo dos poblados en su camino. El volcán Arenal, al que la gente de la región sencillamente llamaba montaña Arenal, abrió cráteres para no cerrarlos nunca más.

Costa Rica tiene un don magnífico, típico de quien ama la vida, mirar con otros ojos, saber transformar. Así hicieron también con aquella montaña dormida, hoy volcán activo. Vieron su figura imponente en el horizonte, los shows pirotécnicos que comenzó a dar todas las noches, la naturaleza exuberante a su alrededor. Transformaron el lugar en parque, confirmando un camino y una vocación asumida con entusiasmo por todo el país: la conservación ambiental.

Situado en la región norte del país, en la cordillera volcánica de Guanacaste, al norte de la sierra de Tilarán y parte de la planicie de San Carlos, el parque se encuentra a orillas del gran lago del mismo nombre, Arenal. Es una región rica, con importantes cuencas hidrográficas, muchas de ellas que alimentan el lago, creando un inmenso volumen de aguas. Tanta agua produce 40% de toda la energía eléctrica del país y por eso la región es conocida como "corazón energético de Costa Rica". Como la calidad y la cantidad de esas aguas adquirió una importancia fundamental para el país y para los negocios de electricidad, la compañía responsable por la administración de la generación de energía paga por el servicio ambiental. Los beneficiarios son ONGs o personas físicas responsables por la protección de las selvas, que garantizan el abastecimiento de agua, la seguridad del parque nacional y de las áreas particulares protegidas de la región.

*Hasta hace pocas décadas, el escenario era muy diferente. Costa Rica, como todo país tropical en desarrollo, destruía sus selvas. Poco a poco, sin embargo, creció en el país la conciencia de que valdría más en términos económicos y también humanos la conservación y el uso sustentable de la inmensa biodiversidad del país.*

En los años 70, se inició un programa de conservación que involucró a toda la nación con actitudes y conceptos, y transformó a Costa Rica en un país que gana dinero con sus selvas en pie, tanto a través del ecoturismo como con la prospección de su rica biodiversidad.

*Costa Rica es un país pequeño territorialmente, con sólo 51.000 km², pero de inmensa diversidad de vida, propiciada por el encuentro de especies llegadas del norte y del sur de América y por la variación de climas que ocurren de acuerdo con la altitud o la proximidad del mar. Se estima que al menos 4% de toda la biodiversidad del planeta se encuentra aquí, distribuida en hábitats que abarcan desde el casi desierto, hasta los húmedos bosques nublados de montaña; desde el nivel del mar hasta los 3.500 metros de altura.*

Tanta concentración de vida fue valorizada por una sucesión de gobernantes que decidieron implantar un programa de protección a lo que restaba de las selvas, reducidas a poco más de un cuarto del territorio de Costa Rica. Además de eso, fue creado el 24 de octubre de 1989, bajo el signo de la innovación, un instituto responsable por el inventario, por el control de la prospección y por la divulgación de la rica biodiversidad del país, el Instituto Nacional de la Biodiversidad (Inbio). Cuando la prospección para identificar nuevos principios activos en la naturaleza, para uso medicinal o cosmético, se hace a través de multinacionales, éstas pagan pesados *royalties* como contrapartida. El Inbio también es responsable por el inventario de la biodiversidad y, para esto, moradores de los alrededores de áreas protegidas son entrenados como parataxónomos, responsables por la recolección de las especies. Con la seriedad con que se lleva adelante este programa, en breve Costa Rica tendrá catalogada a la totalidad de sus especies.

En el Parque Nacional Arenal, otra iniciativa de apoyo a las poblaciones de los alrededores, también innovadora, surgió en la región de Monteverde, en el límite sur del parque. Allí, proyectos diferenciados y creativos de ecoturismo crean empleos y oportunidades. Estas alternativas económicas para las comunidades de la región transformaron a sus habitantes en los más interesados por la conservación ambiental.

Monteverde tenía una comunidad históricamente relacionada a la agroindustria lechera y al cultivo del café, que, estimulada por los beneficios de la conservación ambiental y por el potencial del ecoturismo, creó una serie de reservas particulares, totalizando más de 25.000 hectáreas, donde el visitante encuentra muchas opciones de actividades en medio a la naturaleza, además de una serie de pequeños hoteles, posadas y otros econegocios que dan infraestructura al turismo local.

Todo comenzó con el Bosque Eterno Monteverde, de 550 hectáreas, creado en 1950 por pecuaristas de la región, preocupados en proteger las nacientes de la cuenca hidrográfica de Monteverde. En 1972, le tocó a la Reserva Bosque Nublado de Monteverde, creada por iniciativa de ambientalistas que le temían a la rápida colonización de las áreas de selvas de la región. Con la compra de 328 hectáreas iniciaron los trabajos. Un año después, la reserva fue transferida para el Centro de Ciencias Tropicales (CCT), institución científica que reúne diversas universidades y que la amplió hasta su tamaño actual, 10.500 hectáreas. Allí organizaron un rentable sistema de senderos, que atrae principalmente observadores de aves de todo el mundo. Los visitantes son acompañados por guías especializados y muy bien entrenados. En la reserva, ya fueron contabilizadas más de 400 especies de aves, destacándose el resplandeciente quetzal (*Pharomachrus mocinno*) con plumaje de gran belleza, encontrado solamente en algunas áreas de América Central.

*El Bosque Eterno de los Niños tiene una historia aún más sorprendente, es una selva salvada por niños. Este sueño comenzó en 1987, en una pequeña escuela rural de Suecia. En esa época, los niños estudiaban las selvas tropicales y su rápida destrucción. Esta situación movilizó los corazones de una profesora y un niño de apenas 9 años, que junto con otros alumnos de la escuela, dieron inicio a una campaña de recaudación de fondos en la ciudad para la compra de áreas de selvas amenazadas. Eligieron la región de los alrededores del Parque Nacional Arenal, en la lejana Costa Rica, para realizar su sueño de conservación.*

Comenzaron con 6 hectáreas, pero después de dos años, viabilizaron la compra de 7.258 hectáreas gracias a la exitosa campaña realizada por los niños. La iniciativa se propagó por el mundo y otras campañas parecidas se realizaron después de ésta. Actualmente la reserva ya tiene más de 17.000 hectáreas y otras reservas de niños fueron adquiridas en otros países tropicales. Fue también creada la Red Internacional de Selvas de Niños (*International Children's Rainforest Network – ICRN*), una ONG de alumnos y profesores dedicada a proteger las selvas tropicales.

*De esta forma fueron surgiendo nuevas reservas particulares, en los alrededores del Parque Nacional Arenal, algunas por simple protección, otras para beneficiarse del ecoturismo. Con la creatividad de los atractivos que fueron surgiendo, el turista se siente tentado a quedarse muchos días en la región, haciendo caminatas, conociendo la selva a través de puentes colgantes sobre las copas de los árboles o haciendo arborismo con operaciones de escalada, por ejemplo: tirolesa y rapel. Además de eso, jardines botánicos y aviarios, mariposarios y orquidearios pueden ser visitados. Atractivos que, sumados, llevan más de 50.000 visitantes por año para la región.*

El Parque Nacional de Arenal más las reservas de Monteverde formaron un corredor biológico de gran importancia que interconecta el parque a la Reserva Biológica Alberto Manuel Brenes, protegiendo 10% de la cordillera de Tilarán y 45% de las reservas forestales restantes de la región.

Son soluciones de conservación que patrocinan la vida en todas sus expresiones, colocando al hombre y a la naturaleza del mismo lado, el lado de quien gana. Y mostrando, con un buen ejemplo, que las iniciativas particulares de conservación deberán ser las grandes aliadas de los parques nacionales en la construcción de nuevos caminos para el siglo XXI. El camino de los corredores biológicos, donde las áreas naturales se extienden, agranda también nuestra esperanza por un planeta vivo y diversificado.

Después de entrar en erupción en 1968, dejando un rastro de destrucción a su alrededor, el volcán Arenal se convirtió en la gran atracción del parque, vertiendo lava continuamente, creando así shows pirotécnicos.

La biodiversidad de Costa Rica fue valorizada por una sucesión de gobernantes decididos a proteger los remanentes forestales, creando áreas protegidas e incentivando a la iniciativa privada a realizar lo mismo.

En Monteverde, en los alrededores del parque, varias iniciativas transformaron la selva, haciéndola aún más atrayente, aliando la conservación al ecoturismo y al turismo de aventura.

La rana de ojos rojos (*Agalychnis callidryas*), por ser muy sensible a las variaciones ambientales, es un importante indicador de la integridad de las selvas en donde vive.

Con más de 400 especies, la observación de pájaros es uno de los principales atractivos turísticos de la región En la foto: tucán real (*Ramphastos sulfuratos*).

El Bosque Eterno de los Niños fue un sueño que comenzó lejano, en una pequeña escuela rural de Suecia. Actualmente son 22.000 hectáreas de selva protegidas por los niños.

En La Fortuna de Arenal, la comunidad de los alrededores del parque administra algunos atractivos como esta cascada. Proyectos originales y creativos de ecoturismo crean empleos y oportunidades en la región.

En los parques nacionales, las áreas inaccesibles se destinan a mantener fauna y flora en un máximo nivel de preservación, donde la naturaleza debe mantener su ciclo natural con el mínimo de influencia humana.
En la foto: mono araña (*Ateles geoffroyi*).

La región de Monteverde tiene atracciones que estimulan la educación y toma de conciencia ambiental. Entre otras, un mariposario, un orquideario y un ranario.

El dosel de las selvas y detalles de su biodiversidad se tornaron conocidos de los científicos solamente en las dos últimas décadas. Actualmente, actividades como tirolesa, permiten el inolvidable acceso a la cima de los mismos.

# 5 Una tradición de conservación aliada al turismo. Parque Nacional Nahuel Huapi.

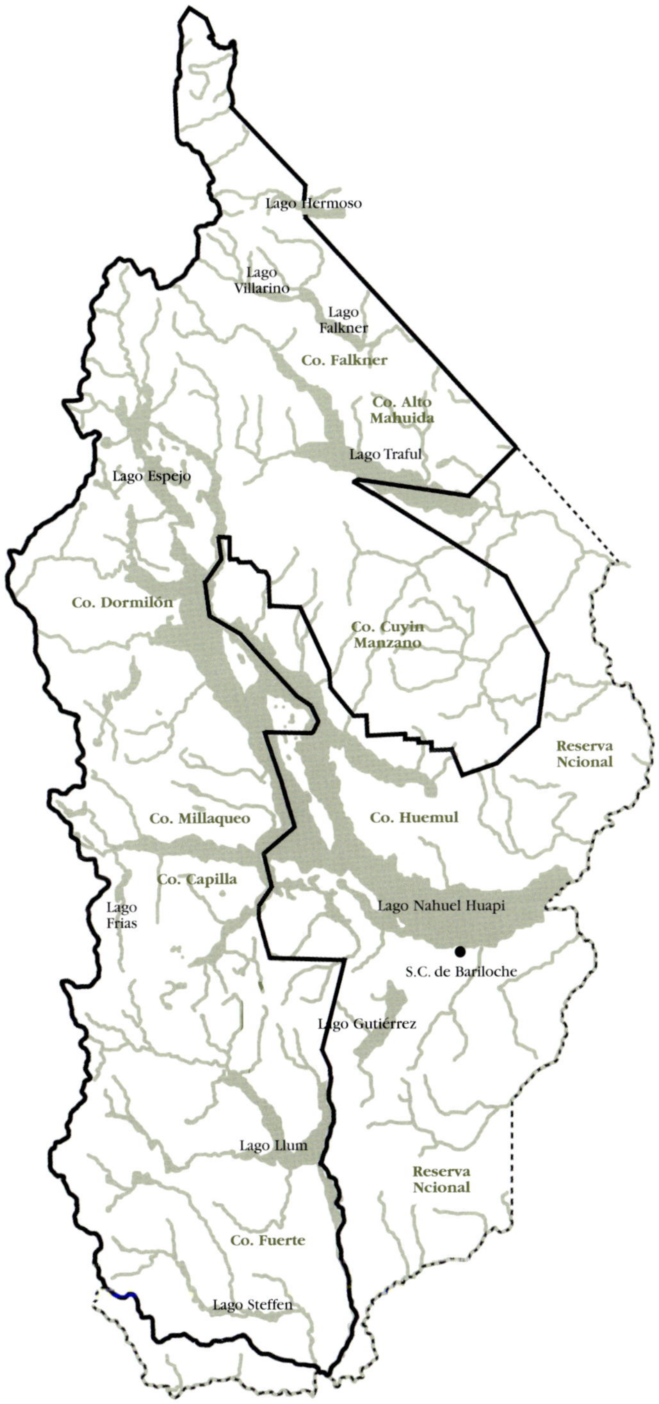


*Ubicación* Noroeste de la Patagonia argentina, frontera con Chile.
*Área* 428.000 hectáreas como parque nacional y 330.000 como reserva nacional, totalizando 758.000 hectáreas.
*Fecha de creación* 1903, con el nombre de Parque del Sur, con 7.500 hectáreas. El 9 de octubre de 1934, el área fue ampliada y el parque recibió su nombre actual.
*Ecosistema* Las diferencias de relieve y clima forman cuatro ecorregiones en el parque: la alto andina, la de bosques húmedos y de transición y la de estepas secas.
*Clima* Templado y frío, con estaciones bien diferenciadas de veranos secos, con temperaturas promedio entre 14°C y 16°C. Inviernos húmedos, con nieve, con temperaturas promedio de 2°C a 4°C. Las precipitaciones van desde 4.000 mm/año en la zona de los bosques a sólo 600 mm/año en las estepas.
*Aspectos relevantes* Ecoturismo como solución de conservación, ocupación de territorio y alternativa económica; guardabosques bien capacitados, voluntariado y estructuración hecha por concesiones con la iniciativa privada.

# 5 Parque Nacional Nahuel Huapi. Una tradición de conservación aliada al turismo.

El descubrimiento del nuevo mundo sudamericano por los europeos, a principios del siglo XVI, vino revestido de una inmensa esperanza: la del encuentro del paraíso terrestre. Con las caravelas y con los hombres que se disponían a enfrentar el océano, se concentraban sueños del encuentro de civilizaciones o ciudades extraordinarias, no solamente por sus riquezas materiales, sino también humanas. La región de la Patagonia argentina también formaba parte de estos sueños, cubierta por la bruma del mito. Según relatos de los tiempos coloniales, allí existiría una "ciudad de los césares" o "la ciudad encantada", de inmensas riquezas e igualdad entre los hombres. Y muchos fueron a tratar de encontrarlas, partiendo en expediciones que salían de tierras pertenecientes actualmente a Chile.

Por el lado de Argentina, sin embargo, hasta el final del siglo XIX, esa porción patagónica era solamente de indios nativos, animales salvajes y viento sobre las aguas del gran lago. Hasta que llegó allí Francisco Perito Moreno, antropólogo y paleontólogo porteño, con su obstinación por conocer las verdaderas riquezas del lugar: la naturaleza y la vida de las tribus nativas. Moreno llegó a la región en 1876 e izó la bandera argentina en las márgenes del Nahuel Huapi, el inmenso lago azulado de aguas de deshielo.
De allí siguió hacia el sur y les puso nombre a cuatro lagos más que encontró en su camino y también a una imponente montaña, el monte Fitz Roy. Moreno se dedicó tanto a conocer la región, que, años más tarde, fue designado por el gobierno argentino para defender las fronteras de su país en una contienda con Chile. El país vecino reivindicaba buena parte de las tierras, queriendo que fuese establecida la frontera tomando como límites las nacientes de los ríos que tenían las vertientes para el Pacífico, la más importante de ellas la del río Manso. Moreno consiguió imponer al arbitraje inglés su tesis de tomar como línea divisoria la cumbre de las montañas más altas. De esta forma, Argentina anexó un área inmensa a su territorio y una de las regiones más bellas de América del Sur.

*En 1903, decidido a proteger el paisaje y a las especies locales, Perito Moreno, ya considerado héroe nacional, donó al gobierno 3 leguas cuadradas (7.500 hectáreas) en las márgenes del lago con la condición de que fuesen preservadas como "parque público natural", para uso de las presentes y futuras generaciones. Nacía, así, el primer parque nacional de América Latina, el Parque del Sur, y el tercero de América, proclamado después de Yellowstone (Estados Unidos, 1872) y del Parque Nacional de Banff (Canadá, 1885).*

En 1907, ya estando definida en la Argentina una política de valorización de los parques nacionales, el área del parque fue ampliada para 43.000 hectáreas. En 1934, con la creación de la dirección, actualmente Administración de Parques Nacionales (APN), fue llamado Parque Nacional Nahuel Huapi, con un área de 428.000 hectáreas. Lindante con el parque nacional, otra gran área fue protegida como reserva nacional Nahuel Huapi, con más de 330.000 hectáreas funcionando como zona de amortiguación. Se contabilizan, así, un total de 758.000 hectáreas protegidas.

El nombre del parque, de origen indígena, deriva de los vocablos araucanos – *nahuel* (jaguar) y *huapi* (isla), pudiendo ser traducidos como "isla del jaguar", en alusión a la actual isla Victoria del lago Nahuel Huapi. *Nahuel*, jaguar (*Panthera onca)*, especie sin registro en la historia de la región, sería originario del totem de una familia de los indios *puelches* que habitaron la isla o, según otra versión, sería por la valentía de esos indios, que eran llamados jaguares.

En aquel entonces, y después de garantizadas las fronteras por Moreno, el gobierno de Argentina aún temía por la posesión de aquella bellísima y poco habitada región. Entonces, en lugar de enviar refuerzos militares y provocar posibles litigios en tierras más remotas, optó por la inteligente y pacífica estrategia de ocuparla por medio de la conservación y del turismo.

*Incluso en 1947, el gobierno inició una serie de alianzas con el capital privado, la primera de ellas fue una concesión, la del famoso hotel Llao Llao. El régimen de concesiones de servicios dentro del parque es hoy un modelo digno de ser seguido, con la iniciativa privada y ciudades de los alrededores viviendo de negocios relacionados al turismo y al mismo tiempo revirtiendo en beneficios para el parque, como, por ejemplo, la concesión del hotel Blest, sobre las márgenes del lago Nahuel Huapi. El concesionario, además del hotel, construyó un bien equipado centro de visitantes para el parque.*

La ciudad de Bariloche, con un área de 28.000 hectáreas, tenía en 2002 aproximadamente 110.000 habitantes, viviendo principalmente del movimiento turístico estimulado por el parque nacional. Bariloche es hoy una isla de prosperidad en la Argentina.

Las estaciones del año no perjudican el flujo de visitantes, al contrario, crean nuevos paisajes y diferentes actividades. En invierno, con el escenario todo blanco desde lo alto de las montañas, sobresalen los deportes relacionados con la nieve y, en verano, también con muchos visitantes, predominan caminatas, canoaje en los ríos y deportes a vela en el lago Nahuel Huapi, una inmensa masa de agua con 560 $km^2$ y más de 454 metros de profundidad en algunos puntos.

La diversidad de ambientes es una invitación para magníficas caminatas. Existen básicamente cuatro ecorregiones en el parque, bien diferenciadas entre sí. Las tierras alto andinas, más de 1.600 metros de altura, de poca vegetación, donde se encuentran las nieves en el invierno. Las alturas sirven de abrigo para animales tan espectaculares como el cóndor andino (*Vultur gryphus*) y el huemul (*Hipocamelus bisulcus*), un tipo de ciervo que ahí se refugia en el verano. El parque protege igualmente importantes remanentes de los bosques andino patagónicos, incluyendo bosques de arrayanes – *Myrceugenella apiculata* –, de una especie de araucaria local – *Araucaria araucana* – y bosques de una especie de roble local – *Nothofagus obliqua*. Protege también una selva húmeda templada, llamada "selva valdiviana", con gran diversidad biológica y que, además de las especies de clima templado, donde se destaca el coihue – *Nothofagus betuloides* –, contiene varias especies típicas de selvas de clima más caluroso, como lianas, helechos, cañas y hasta una especie de loro – *Enicognathus ferruginea* –, que le dan un aire tropical a esta selva. Estos bosques proporcionan refugio y alimento a numerosas especies de animales. Las estepas, regiones de baja pluviosidad y vegetación herbácea, son la cuarta y totalmente diferenciada peculiaridad, que le dan al Nahuel Huapi una gran diversidad de climas, vegetación y paisajes.

La gran área del parque se interconecta a otras reservas, de la Argentina y de Chile, totalizando un complejo de áreas protegidas de más de 1.600.000 hectáreas. Es un importante corredor ecológico, que garantiza el intercambio genético y la diversidad de muchas especies.

*Cuidando de todo este complejo proceso de interrelaciones están los guardabosques del Nahuel Huapi, un grupo de profesionales unidos, bien capacitados y de representatividad a nivel mundial, por la calidad del trabajo ambiental que realiza en la Argentina. Son verdaderos guardianes del parque, con un largo tiempo de relación con la región y con instrucción en la escuela de guardabosques, la primera de América Latina, que hasta hace poco estaba en la isla Victoria, en el medio del lago Nahuel Huapi.*

Los estudios son subsidiados por el gobierno, duran tres años y son de nivel técnico universitario. Comienzan después que el candidato pasa por un exigente proceso de selección. Una oportunidad ofrecida generalmente a quien ya trabajó como voluntario en algún parque, como parte de un programa exitoso ofrecido por la APN.

De ese programa de voluntariado, que está dirigido a los jóvenes en regiones donde existen parques nacionales y otras áreas protegidas, nace todo un trabajo de educación ambiental junto a las comunidades y un compromiso con la naturaleza en el futuro. Sin hablar de un plan de carrera, pues innumerables jóvenes, voluntarios en parques nacionales terminan transformándose en guardabosques, profesión valorizada socialmente en la Argentina.

Juntos, en el Nahuel Huapi, los guardabosques tienen hoy el desafío de conciliar la creciente demanda turística y de inmigración con el equilibrio ambiental. El camino encontrado ha sido el de integrar a la comunidad en el proceso, inclusive en las decisiones sobre la gestión del parque. Ejemplos: fue creado un consejo consultivo, que tercerizó la recaudación de ingresos con dos instituciones filantrópicas. Parte de esta renta se destina a programas sociales en Bariloche y la operación de los seis refugios de montaña fue otorgada en concesión al Club Andino local. El parque está, también, haciendo alianzas con municipalidades, instituciones técnicas y ONGs para ofrecer programas de educación ambiental en las escuelas de la región. Ha ofrecido cursos de extensión a los campesinos de los alrededores, para que éstos también se puedan beneficiar del turismo como alternativa para generar mayores ingresos y causar menor impacto ambiental del que la pecuaria, por ejemplo.

*Otro programa notable en el Nahuel Huapi es el de prevención y combate a incendios, comunes y devastadores en las regiones patagónicas de clima seco y vegetación rastrera. En Argentina, cada parque cuenta con una muy bien entrenada brigada de combatientes contra incendios. Como el Parque Nacional Nahuel Huapi está localizado en una de las áreas con mayor riesgo de incendio del país y contiene el mayor núcleo de población de la región, la Central Argentina de Combate contra el Fuego tiene su base en Bariloche. Allí hay más de cincuenta bomberos de guardia, algunos de ellos acumulando la función de guardabosques, que tienen apoyo para sus acciones de helicópteros especialmente adaptados para lanzar agua y aviones para transporte de personal.*

El fuego es una de las grandes amenazas a los parques nacionales en el mundo entero y es combatido en Argentina por medio de la prevención, buena comunicación e infraestructura.

Corazón del parque nacional, el lago Nahuel Huapi – formado al retroceder un antiguo glaciar, tiene 557 $km^2$ de extensión y alcanza una profundidad máxima de 454 m.

El Parque Nacional Nahuel Huapi recibe cerca de 1 millón de turistas por año.

Los lagos están muy presentes: 20% del área del parque nacional está cubierta por agua.

Diversas cascadas formadas por el deshielo pueden ser vistas al pie del monte Tronador. Glaciar, nieve y agua se mezclan en una verdadera clase de historia natural: se puede ver claramente la formación de los grandes lagos que hacen que la geografía del parque sea especial.

Después de una larga caminata se llega al Refugio López, a 1.600 m de altitud. Allí todo es privilegiado: la vista del lago, el atardecer con las luces de la ciudad de Bariloche, las estrellas a la noche.

Parte de la región de Puerto Blest, donde se sitúa la selva húmeda templada Valdiviana fue donada por Perito Moreno para Argentina, con la condición de que se convirtiese en área protegida. Así nació el primer parque nacional latinoamericano.

El refúgio Berghof, lugar donde Otto Meiling, patriarca del andinismo argentino, pasaba gran parte de su tiempo, está preservado y transformado en un refugio bajo concesión.

En Nahuel Huapi fue creada la primera escuela de guardabosques de América Latina. Los guardabosques son fundamentales para la conservación de los parques nacionales.

El parque ofrece atracciones para todos los gustos y para todas las estaciones del año: esquí, caminatas, itinerarios fotográficos, canoaje, escaladas, cabalgatas, entre otros.

Los colores y formaciones de las nubes patagónicas, resultantes de vientos constantes y de la pureza del aire, constituyen un espectáculo diario.
En la foto: perfil del cerro Catedral.

# 6 El Paraíso Reconstruido.
# Parque Nacional de la Tijuca.

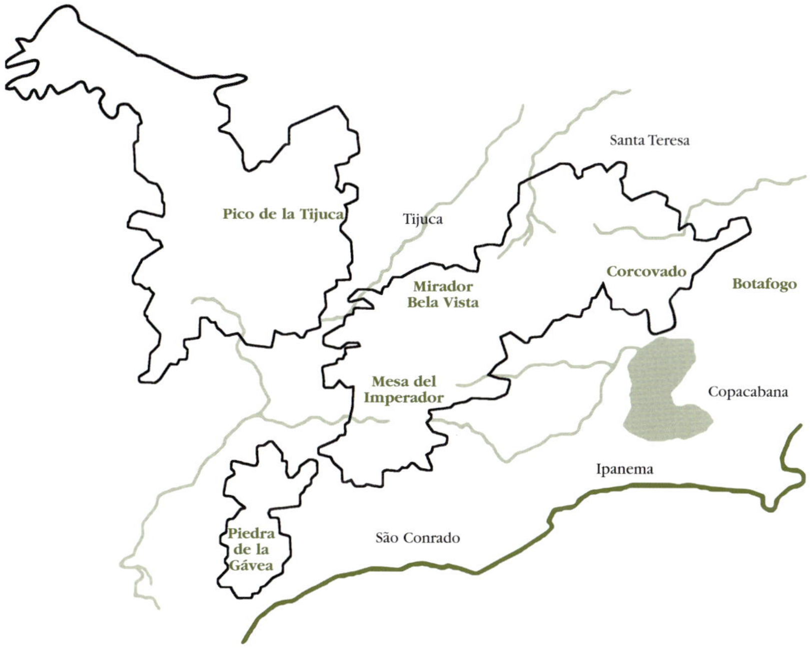


*Ubicación* Ciudad de Rio de Janeiro (RJ-Brasil).
*Área* Actualmente 3.953 hectáreas, después de haber tenido un aumento de 20% de su superficie (en 2004) para contener los efectos de la urbanización en su entorno.
*Fecha de creación* 1961. A pesar de haber sido considerado como área pública de protección ambiental en 1861, sólo obtuvo el status de parque nacional, un siglo después. En 1991, fue integrado a la Red Mundial de Reservas de la Biosfera de la Unesco, como parte de la reserva de la Biosfera de la floresta Atlántica.
*Ecosistema* Esencialmente floresta Atlántica, biomasa brasileña con uno de los más altos índices de biodiversidad del mundo y también el más amenazado del país.
*Clima* Tropical. Altas temperaturas y alta pluviosidad (pudiendo llegar a más de 3.000 mm/año).
*Aspectos relevantes* Recreación, caminatas, conciliación de intereses. Todo el inmenso verde que corona a la ciudad de Rio de Janeiro es popularmente llamado Floresta de la Tijuca por la población que lo utiliza, con sus más de 90 senderos. Modelo histórico de reforestación en sus áreas degradadas, es hoy otro ejemplo notable, de una exitosa gestión compartida entre gobierno federal y municipal aliada a una intensa participación de la sociedad civil por intermedio del Consejo Gestor de la Unidad de Conservación.

# 6 Parque Nacional de la Tijuca. El Paraíso Reconstruido.

Allí, se decía, era el paraíso sobre la Tierra. El florentino Américo Vespucio se expresó de esta forma sobre Rio de Janeiro, en 1502, durante su segunda visita a Brasil. La afirmación, presente en su tercera carta, conocida como Mundus Novus, se convirtió en un best-seller en Europa, traducida a innumerables idiomas. Sí, Rio de Janeiro era el paraíso sobre la Tierra por su conmovedora belleza geográfica, su vegetación lujuriosa y sus nativos – principalmente sus nativas – con su comportamiento libre del pudor europeo de la época.

Después de las Cartas de Vespucio, los indios tupinambás nativos y la naturaleza tuvieron casi medio siglo de relativo olvido. Hasta que llegaron, para instalarse allí, los franceses en 1555: más de 600 hombres liderados por un cierto Villegagnon y con el firme propósito de fundar en aquellas tierras la Francia Antártida, como la denominaron para la historia.

Los franceses llegaron interesados en el trueque, la permuta simple de manufacturas, herramientas y "chucherías" europeas por lo que la selva y los indios podían ofertar. Entiéndase principalmente, el árbol "pau-brasil", el árbol pau-de-tinta, que teñía en Europa las ropas de la nobleza de rojo escarlata. Se llevaban tantas toneladas de madera, y reclamaban de tal manera de las amarguras de la travesía, que un cacique tupinambá se inquietó con tamaña sed de acumulación:

*"(...) ¡Vosotros otros mairs (blancos) sois grandes locos, pues atravesáis el mar y sufrís gran desconfort, como decís cuando aquí llegáis, y trabajáis tanto para amontonar riquezas para vuestros hijos y para aquellos que los sobrevivan! ¿No será suficiente la tierra que los nutrió, para alimentarlos también? Tenemos padres, madres e hijos a quienes amamos; pero tenemos certeza que después de nuestra muerte, la tierra que nos nutrió también los nutrirá, por eso, descansamos, sin mayores cuidados (...)"*

Pero los europeos, no sabían descansar. Movidos por un creciente mercantilismo, querían acumular lo máximo posible, no importándoles los resultados que esa actitud provocaría en la naturaleza.

Los portugueses, que ocupaban tierras más al sur, y que se juzgaban los legítimos dueños de Brasil (más de una vez olvidándose de la ancestralidad de los indios en el lugar), también se inquietaron, y mucho, con la presencia de sus vecinos europeos. Denominando a los franceses "brasileiros" – los que roban el "pau-brasil" –, denotando con la palabra el sentido de "piratas y traficantes", crearon la expresión que acabó convirtiéndose en el nombre de bautismo de todo un pueblo. Y no se tranquilizaron hasta matar o expulsar de allí a todos los franceses y a sus aliados indígenas. Fue un enfrentamiento de 12 años. Más de 60 mil muertos, entre europeos e indios. Durante el último baño de sangre, fundaron en aquel "paraíso" la ciudad de São Sebastião do Rio de Janeiro, en 1567.

Imposible no inquietarse con la lectura simbólica de los acontecimientos del siglo XVI: un pueblo que recibe su nombre de la contravención, un país que nace con la marca de la destrucción de la naturaleza y una ciudad que constituye sus cimientos sobre una masacre. En este sentido, el Parque Nacional de la Tijuca es entonces una parábola sobre el poder del libre albedrío. Allí los habitantes se recusaron a sucumbir a un destino anunciado: reconstruyeron la naturaleza, unieron fuerzas y eligieron la cooperación como forma de gestión.

Pero el destino trazado en el siglo XVI trataba de imponer su dura marca. Salieron los franceses y rápidamente se inició la maldición que ronda a todo paraíso: el ataque a la forestación. Los portugueses comenzaron a quemar la floresta, ferozmente, para crear pastizales y construir ingenios de caña de azúcar. En los años 1700, estimulados por el boom de la mineración de oro, convirtieron a Rio en el gran polo productor de víveres y animales para alimentar a Minas Gerais.

Aún así, todavía quedaba el verde de las sierras, de las alturas. Pero no por mucho tiempo. En 1808, con la llegada de la familia imperial portuguesa y su corte, se produce la abertura de los puertos a los países amigos, extranjeros recién llegados rumbean para los altos de Rio de Janeiro, todavía forestados, para plantar café. El interés económico, una vez más habló más alto. Durante aproximadamente cuatro décadas, la devastación de Tijuca ya era tan grande, que la ciudad comenzó a enfrentar terribles problemas de sequía por las obstrucciones sedimentarias y la disminución de las aguas potables de los ríos que de allí descendían, el Carioca y el Paineiras, principales proveedores de la ciudad. El gobierno se veía obligado a enfrentar el grave problema causado por la deforestación. ¿Pero cómo desapropiar y reforestar tierras tan valorizadas, tan productivas?

*El dicho popular "no hay mal que por bien no venga" adquirió sentido en esa fecha. En 1843, una plaga devastó los cafetales de las sierras de Rio, haciendo que el precio de las tierras cayera vertiginosamente. El gobierno pudo entonces desapropiarlas. Comenzaba así a cambiar el juego del destino. Era el nacimiento de la Floresta Nacional de Tijuca.*

Contratado por el emperador Pedro II, el mayor de la Guardia Nacional, Manoel Gomes Archer, con la ayuda de pocos esclavos, más el trabajo de algunos asalariados, consiguió, a lo largo de 12 años, plantar más de 80 mil árboles, la gran mayoría típicos de la floresta Atlántica. En la gestión siguiente, además de embellecer la floresta con infraestrutura para recreación, se plantaron 35 mil brotes más. El bosque renacía y recibiría del gobierno el status de Floresta Nacional de Tijuca, en 1861. A partir de ahí la naturaleza siguió su curso, o como dijo el mayor, "el éxito de la reforestación dependerá mucho más de la acción del tiempo que de los cuidados del hombre."

Vegetación típica de todo el litoral de Brasil, contando en el año 1500 con más de 1 millón de quilómetros cuadrados, la floresta se vio a lo largo de la historia sucesivamente destruida por los ciclos económicos y por la expansión urbana de las mayores ciudades brasileñas, avanzando por la selva virgen.

Lo que salvó, aunque sea una pequeña parte de la floresta Atlántica (hoy, resta menos del 7% de esa biomasa, brasileña), fue la geografía de la sierra del Mar, los bancos genéticos quedaron ubicados en áreas de difícil acceso, como las cimas de las montañas, los declives y los desfiladeros profundos.

Y así también ocurrió en Tijuca. Fue de lo alto de otra sierra, la porción denominada Paineiras, que el mayor Archer retiró brotes y creó un vivero que alimentaría ese futuro parque nacional.

Más de un siglo después de Archer, a partir de 1973, el biólogo Adelmar Coimbra Filho y el entonces administrador del Parque Nacional de la Tijuca, profesor Aldrighi, cumplirían un extenso programa de reintroducción de animales y aves. Hoy la fauna avícola de Tijuca ya cuenta con más de 100 especies.

Al final de los años 80, en 1989, con la creación del Instituto Brasileño del Medio Ambiente y de los Recursos Naturales Renovables (Ibama) y con la promulgación de la nueva Constitución Brasileña, en 1988, que destaca las cuestiones ambientales, y finalmente, con la Conferencia de las Naciones Unidas para el Medio Ambiente (RIO-92), también conocida como RIO 92, el Parque Nacional de la Tijuca se vio frente a frente con nuevos y grandes desafíos. Por ejemplo: salvaguardar en su espacio recreación y preservación; solucionar la falta de presupuesto recibido como unidad de conservación federal versus sustentar la gigantesca necesidad local por su uso; conciliar intereses muchas veces divergentes entre la administración federal y una realidad municipal.

*Las oposiciones y el conflicto de intereses que parecían irresolubles fueron, una vez más, creativamente solucionados. Fue creada para el Parque Nacional de la Tijuca una gestión compartida entre el Ibama y la Municipalidad de la Ciudad de Rio de Janeiro, cada uno con funciones establecidas en la asociación. Se puede decir que se inspiraron un poco en la organización natural de la floresta Atlántica que, al contrario de lo que ocurre en los bosques templados de los países fríos, vive más de la cooperación entre las especies de que de la competición.*

*Fueron muchas las semillas plantadas como resultado de esa nueva unión. Al Ibama, por su pericia en administración de unidades de conservación, le correspondió cuidar los recursos generados por el parque y su aplicación en todo lo relacionado a las mejoras ambientales propiamente dichas: entrenamiento del personal, proyectos de investigación, mantenimiento, instrumentos de gestión, nuevas estrategias y asociación entre ONGs y gobierno. El Ibama es el puente entre el parque, el gobierno y el ambientalismo mundial.*

La municipalidad de Rio de Janeiro, por su parte, cuida todo lo relacionado al nexo del parque con la ciudad: su vinculación a la Secretaría del Medio Ambiente y los desdoblamientos de esa relación, toda la estructura de recepción de los ciudadanos (desde la limpieza de los senderos hasta la gestión de los grupos de defensa ambiental y Grupos de Apoyo al Turista), así como la relación con las poblaciones vecinas y con la sociedad civil, creando proyectos de protección y de participación de dichos grupos.

El parque continuará innovando y sirviendo como ejemplo, si la justa lucha de la jefa del parque Sônia Peixoto, del Ibama, por la valoración ambiental fuera reconocida. El agua limpia que abastece a la ciudad, el uso del terreno por las redes de transmisión eléctrica y por las antenas de comunicación puede, y debe, ser remunerado.

Con las mejoras, rápidamente percibidas por la población, el Parque Nacional de la Tijuca volvió a ser frecuentado por los habitantes de Rio de Janeiro y por turistas de todo el mundo. Hoy, ya son más de 1,5 millón de visitantes por año. La mayoría ni sospecha que hace poco más de un siglo allí había solamente destrucción ambiental y que fue, gracias a la mano del hombre, que la naturaleza retornó. Prueba más que viva, que cuando hay buena voluntad, el ser humano se endiosa y reconstruye. Al final, la semilla de nuestro derecho al paraíso está en cada uno de nosotros.

Símbolo de Rio de Janeiro y una de las atracciones más visitadas del parque nacional, el Cristo Redentor da su bendición desde lo alto de la montaña a la mata Atlántica y a la ciudad que está a sus pies.

El Parque Nacional de la Tijuca es una de las mayores florestas urbanas del mundo.

Es dentro del parque nacional donde están protegidas las nacientes de agua que abastecen parte de la ciudad de Rio de Janeiro. Como forma de retribución se evalúa actualmente la posibilidad de pagar una compensación ambiental por esta protección.

Es posible encontrar representantes de la fauna nativa en el Parque Nacional de la Tijuca, como este puercoespín (*Coendou prehensilis*), que descansa solitario, en las copas de los árboles.

Desde lo alto del parque se ve la ciudad de Rio de Janeiro y la bahía de Guanabara.

En el siglo XIX se inició un proceso de recuperación de la floresta, con el plantío de más de 115 mil brotes de especies nativas. Después de 140 años del inicio de la reforestación, el parque es el lugar al que el carioca va a respirar, bañarse en las cascadas y descansar bajo la sombra.

La floresta se reconstruye poco a poco. "El éxito de la reforestación dependerá mucho más de la acción del tiempo que de los cuidados del hombre" decía el mayor Archer ya en el siglo XIX.

Detalle de la flora nativa de la mata Atlántica. Uno de los ecosistemas con mayor diversidad del planeta y muy amenazado. Sobra solamente 7% de su área original.

Anualmente, más de 1,5 millón de personas visitan el Parque Nacional de la Tijuca, buscando diversión o un espacio privilegiado para practicar deportes en medio de la naturaleza.

El Parque Nacional de la Tijuca está cercado por la ciudad que crece incesantemente, por eso son importantes las políticas de relaciones con la población de los alrededores.

# 7 Conservación sin fronteras. Parque Internacional La Amistad.

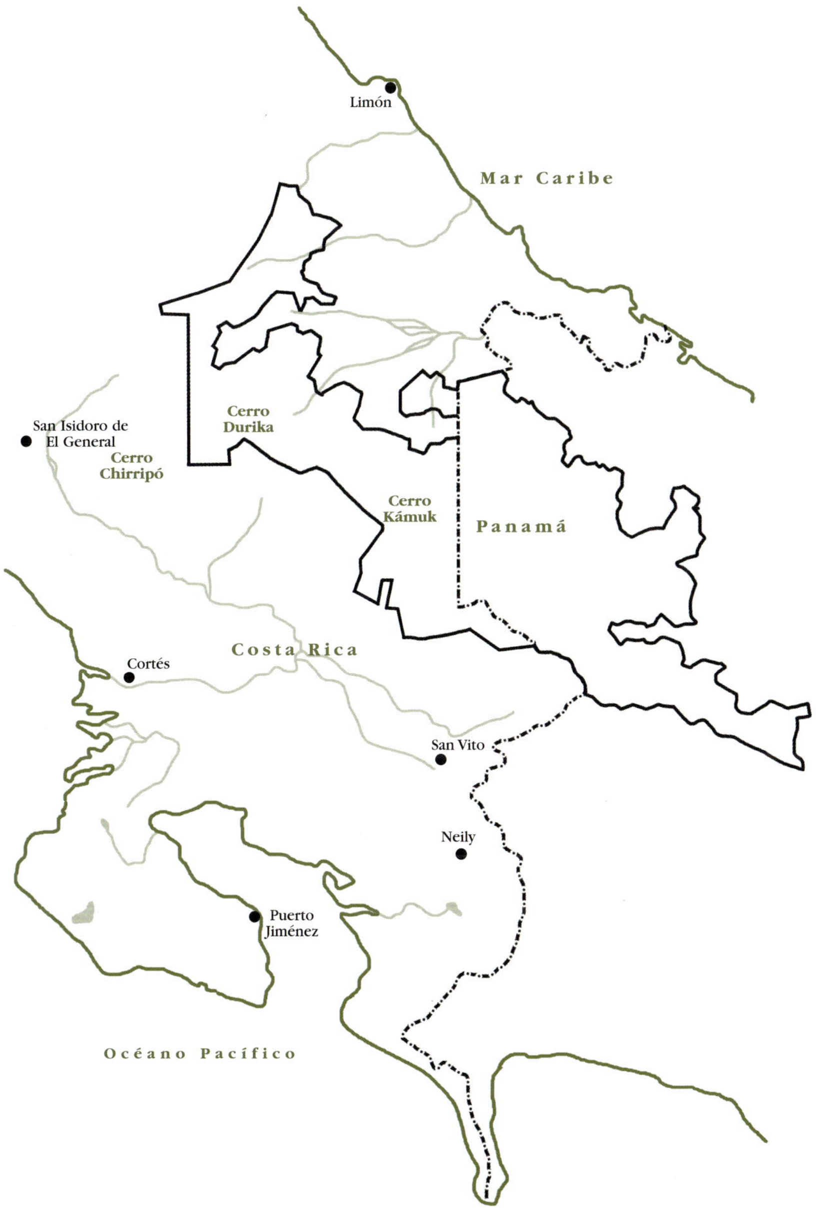


*Ubicación* Cordillera de Talamanca, sudeste de Costa Rica y noroeste de Panamá.
*Área* 400.929 hectáreas (193.929 hectáreas en Costa Rica y 207.000 en Panamá).
*Fecha de creación* El parque internacional: 4 de febrero de 1982 (Costa Rica) y 2 de setiembre de 1988 (Panamá). Reserva de la Biosfera en 1982. Patrimonio Natural Mundial: 1983 La Amistad Costa Rica y 1990 La Amistad Panamá.
*Ecosistema* Selvas tropicales en las zonas de baja altitud, bosques nublados en las laderas de las montañas.
*Clima* Hay una gran variedad climática debido a las altitudes. Predomina el clima tropical, con alta pluviosidad (5.500 mm/año).
*Aspectos relevantes* Cooperación internacional y promoción de paz. Ecoturismo y turismo de aventura.

# 7 Parque Internacional La Amistad. Conservación sin fronteras.

La selva no tiene fronteras. Ella simplemente se esparce. Y no es que se esparce por donde quiere, determinando sus límites. La selva nace donde es querida. Donde la geografía la envuelve y cobija, dejando que nazca y crezca en su expresión total. Se esparce donde el clima la invita a ser lo que ella es. La selva no lleva, es llevada por los ríos que dispersan sus semillas, por los animales que de ella se alimentan en un lugar, para dejar que sus semillas germinen más adelante, en otro.

Los animales tampoco tienen fronteras. Deambulan en búsqueda de los mejores alimentos, de los mejores compañeros para reproducirse y efectuar el intercambio genético. Para los animales una vida limitada es el comienzo de una no-vida.

Muchos pueblos de la selva, al menos en su origen, también desconocen fronteras. Buscan siempre la renovación, dejando que tierras de hoy descansen, para volver mañana, para después seguir adelante nuevamente, y así, siempre adelante, siguiendo el rastro de la vida. La vida no obedece a límites, ella avanza. Naturalmente va hacia adelante.

Fue, entonces, una idea natural pensar en un parque que traspasase fronteras, donde todas las vidas pudiesen seguir su curso libremente. La propuesta fue puesta en práctica, en forma pionera, por Costa Rica y por Panamá en 1982, con la firma de un acuerdo de creación del Parque Internacional La Amistad (Pila), el parque de la amistad. Había una preocupación de varios países centroamericanos por la degradación ambiental que cercaba la rica cordillera de Talamanca, un área de montañas que abriga 7 de las 12 ecorregiones típicas de América Central, además de representar un importante lugar de intercambio genético para la fauna y la flora, el punto central del denominado corredor biológico mesoamericano.

*Este corredor, que podríamos llamarlo de ruta, por su extensión, es verdaderamente un camino de vida, un sueño de unión de las últimas selvas norteamericanas, hasta el Amazonas sudamericano. El corredor biológico mesoamericano y su implantación son un programa que amplía el ejemplo de cooperación internacional del Parque Internacional La Amistad a seis países más, de Méjico a Panamá, englobando casi 40 áreas protegidas e interligándolas a través de corredores biológicos.*

Es innegable, hay en la historia de esta región una gran voluntad de unión. Hasta considerándolo geológicamente. Comienza hace 3 millones de años, cuando el trazado del mundo era un poco diferente del actual. Había dos Américas, la del Norte y la del Sur, separadas. Pero el movimiento de las placas continentales, provocando intensa actividad volcánica, hizo de a poco, surgir un puente de tierras y montañas, un camino de intercambio y comunicación, denominado actualmente América Central. Fue entonces, cuando se unieron América del Norte con América del Sur. Hasta hoy, la región tiene volcanes en plena actividad, como es el caso del Arenal en Costa Rica.

*Por este puente, hace millones de años pasa la vida. Especies norteamericanas que bajaron, especies sudamericanas que subieron, generando en el área de encuentro una de las mayores concentraciones de biodiversidad del planeta, como podemos encontrar en la cordillera de Talamanca. Son por lo menos 115 especies de peces, 250 especies de reptiles, 215 especies de mamíferos y 560 especies de aves. Se estima que abriga casi 4% de la biodiversidad del planeta.*

El Parque Internacional La Amistad, con 400.929 hectáreas, protege gran parte de esta cordillera, englobando la mayor unidad forestal de América Central, conteniendo centenas de especies endémicas, que sólo crecen en esta región, siendo uno de los últimos refugios significativos de fauna amenazada de extinción existentes en América Central. Aves como el resplandeciente quetzal de plumaje verde esmeralda y rojo y el águila imponente harpía (*Harpia harpyja*), ave símbolo de Panamá con más de 1 metro de altura y casi 2 de envergadura, son sólo algunos ejemplos de ésta que es, una meca para los observadores de pájaros. Entre los mamíferos, el parque protege varias poblaciones de diferentes especies de felinos, entre ellos el jaguar (*Panthera onca*), incluyendo también especies endémicas y amenazadas de extinción como el tapir de América Central (*Tapirus bairdii*) y el mono tití o mono ardilla de Costa Rica (*Saimiri oerstedii*).

Y por tener altitudes tan variadas, 100 metros al nivel del mar, hasta más de 3.500, típicos de alta montaña, la flora del parque, se estima, es la portadora del título de mayor diversidad de especies de plantas del mundo, comparada a otras reservas de tamaño equivalente. Ya fueron contabilizadas más de 10 mil especies de plantas, además de 900 especies de líquenes y más de mil especies de helechos. Los niveles de endemismo llegan a 30%, 40%. Y así, a medida que se va subiendo, va cambiando el aspecto de la vegetación, inclusive las ecorregiones. Pero al nivel del mar (de 0 a 800 metros), se extiende la llamada faja tropical, formada por selva tropical de grandes árboles y alta pluviosidad. Gigantes, como la ceiba (*Ceiba pentandra*) llegan a tener fácilmente 55 metros de altura. Un poco más arriba, en la faja que llega a los 3.000 metros se encuentra la vegetación premontañosa que cubre la mayor área del parque y donde se destaca el ciprés blanco (*Podocarpus macrostachyus*) y algunas especies de robles (*Quercus sp.*), que llegan a tener 40 metros de altura. A partir de los 3.200 metros el parque se caracteriza por una vegetación de arbustos y parcialmente dominada por una especie de bambú de montaña (*Chusquea subtessellat*).

La topografía de la región es el retrato de su historia volcánica, accidentada, de alturas que en las montañas, traspasan los 3.000 metros y que se lanzan en valles escarpados por donde corren una infinidad de ríos. La cordillera de Talamanca es una importante divisora de aguas para los dos países que la abrigan. Pero no es solamente el agua pura que será compartida, el parque creó la oportunidad para muchas acciones conjuntas como: combate a incendios, monitoreo ambiental, intercambio de datos e investigación científica. Los dos países procuran en sus administraciones actuar en sinergía con el parque, economizando con eso recursos para nuevos proyectos. En vez de las tensiones encontradas normalmente en las regiones fronterizas, el parque invita a la rápida cooperación y el dinero se gasta en conservación y no en armamentos.

*Alrededor del parque internacional, se encuentran diversas áreas indígenas, y entre los acuerdos de cooperación, fue salvaguardada desde la creación del parque, la libre circulación de la población indígena por sus tierras, no importando de qué país provengan y para cuál se dirijan. El Parque Internacional La Amistad es un ejemplo de tolerancia y flexibilidad, que va más allá de sus fronteras.*

El trabajo del Parque Internacional La Amistad en pro de la conservación de la cordillera de Talamanca y el esfuerzo de los gobiernos de Costa Rica y de Panamá en establecer y ampliar la integración y la cooperación, llevaron en 1985 al reconocimiento de esta área como Patrimonio Natural Mundial, englobando todo el parque internacional más seis áreas protegidas a su alrededor, un total de aproximadamente 570.000 hectáreas. La inclusión de una región en la lista del Patrimonio Natural Mundial significa que la comunidad internacional reconoce aquella área como de enorme valor para las generaciones presentes y para las futuras. Un título como éste, dado por la Unesco, beneficia aún más el lugar, evidenciando su importancia, atrayendo el turismo internacional y posibilitando líneas de crédito para la implementación de su infraestrutura.

En 1982, ampliando el título recibido, también se reconoció a este parque y a otras unidades de conservación de la región, incluyendo algunas áreas indígenas, como Reserva de la Biosfera del programa El Hombre y la Biosfera (Man and Biosphere – MaB) de la Unesco. Este doble reconocimiento internacional, englobando diversas unidades de conservación y áreas indígenas, totaliza más de 900.000 hectáreas.

*La Amistad ha sido para el mundo un ejemplo más de paz y unión de Costa Rica, país que abdicó de tener un ejército ya en 1948 y dedicó su presupuesto armamentista a la salud y a la educación desde entonces. Y que en los años 70, utilizando recursos provenientes del cambio de deuda externa por conservación de la naturaleza (debt for nature swap), transformó gran parte del 25% de la forestación que restaba en el país en unidades de conservación, además de crear un impuesto sobre los combustibles que se revierte para la conservación y recuperación ambiental de áreas particulares.*

Otra iniciativa llevada a cabo con entusiasmo fue la creación del Instituto Nacional para la Biodiversidad (Inbio), en 1989, responsable por el inventario y la prospección de la biodiversidad del país. Los resultados son catalogados y divulgados en publicaciones especializadas (algunas aprovechadas por los ecoturistas, como guías de aves y mamíferos, entre otras) o también por la internet. Costa Rica es actualmente, tal vez, el país del mundo más avanzado en este sector, una ley de protección a la biodiversidad mantiene bajo su control, propiciando negocios y generando rendimientos, la riqueza genética. Otro proyecto interesante realizado por el Inbio es la contratación de campesinos para la recolección de especies en los parques, los conocidos parataxónomos. Con eso, valorizan los conocimientos tradicionales de los nativos y ofrecen una importante alternativa de renta.

Costa Rica es hoy un país que vive de su naturaleza, teniendo en el ecoturismo su segunda fuente de recursos, inmediatamente después de la industria de alta tecnología. En 1987, coronando la vocación de ecoturismo y cooperación, un ex presidente, Oscar Arias, recibió el premio Nobel de la paz.

Hoy, un número inmenso de turistas de todo el mundo va en busca de sus parques nacionales, entre ellos La Amistad, para disfrutar de las bellezas naturales y ver de cerca la inmensa biodiversidad del país. Costa Rica nos muestra que la ética de la conservación ambiental y de la cooperación son también, una atracción internacional. Que sea un ejemplo para el mundo.

La Amistad, juntamente con otras 40 áreas protegidas en 6 países, forman el corredor mesoamericano, creando un "puente" ecológico que reúne las tres Américas.

El Parque Internacional La Amistad protege importantes manantiales en Costa Rica y en Panamá, acción fundamental para garantizar el abastecimiento de agua.

Especies como la *Cirsum sp.* son encontradas en la región de alta montaña. El parque presenta un alto nivel de endemismo.

En un área donde las fronteras no son lo más importante, los monos carablanca (*Cebus capucinus*) demarcan su territorio con la propia orina.

Sus colores son llamativos, pero constituye un peligro. Esta rana venenoza rajiazul (*Dendrobates pumilio*) tiene un veneno tóxico capaz de paralizar los músculos de su presa en poco tiempo.

El quetzal, pájaro símbolo de las culturas maya y azteca, representa libertad y riqueza. Matar un quetzal era considerado, en aquella época, crimen con pena de muerte. Lamentablemente, actualmente es difícil ver este pájaro en su ambiente natural.

Con 300 millones de años de edad, especies de helechos son, históricamente, muy utilizadas por la población tradicional debido a sus propiedades curativas.

Un parque internacional crea oportunidades para muchas acciones conjuntas. Con esta forma de cooperación, todos ganan: el hombre y la naturaleza.

La mariposa buho real (*Caligo atreus*), simula en sus alas un gran ojo para apartar a sus depredadores.

En 1985, la Unesco transformó la región en Patrimonio Natural Mundial, que abarca todo el parque internacional más seis áreas protegidas a su alrededor, con un total de aproximadamente 570.000 hectáreas.

# 8 Historias de evoluciones y revoluciones. Parque Nacional Galápagos.

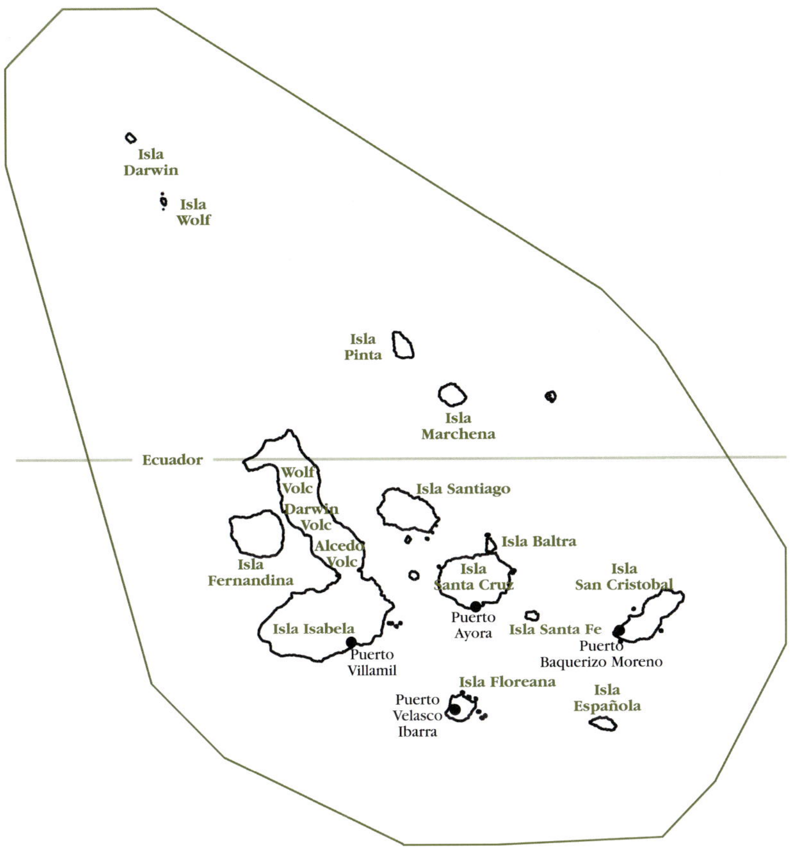


Línea de 40 millas alrededor de las islas, límite de la Reserva Marina de Galápagos.

*Ubicación* Archipiélago perteneciente al territorio del Ecuador, en el Océano Pacífico.
*Área* 800.000 hectáreas de parque nacional y 13.300.000 hectáreas de la reserva marina.
*Fecha de creación* Parque nacional en 1959; reserva marina en 1998. El parque fue proclamado Patrimonio Natural Mundial en 1978, extendiéndose en 2001 para incluir la Reserva Marina de Galápagos. Por decreto fue declarado reserva de la Biosfera en 1985.
*Ecosistema* Campos áridos en las tierras bajas y bosques bajos en las partes más altas en algunas de las islas.
*Clima* Tropical con influencia de las corrientes frías del Pacífico sur, resultando un clima árido y fresco durante la mayor parte del año.
*Aspectos relevantes* Turismo dirigido a la historia natural de Galápagos, monitoreado por guías naturalistas. Participación comunitaria en la búsqueda de soluciones para el manejo sustentable. Investigación científica orientada hacia la conservación.

# 8 Parque Nacional Galápagos. Historias de evoluciones y revoluciones.

Corría el año 1832. El naturalista inglés Charles Darwin tenía en aquel entonces 22 años y el estómago un poco débil para viajes marítimos. Por eso, al entrar al barco "HMS Beagle" para un viaje de epopeya que duraría cinco años y le abriría las cortinas al mundo, siguió el consejo del padre y llevó una buena cantidad de pasas de uva. Fue lo que consiguió comer al comienzo y nada más. El paso por Ecuador, sin embargo, le proporcionó al joven naturalista un nuevo apetito. La fuerza, probablemente provino de la diversidad de las selvas que tanto lo fascinaron. Como él mismo diría en sus cartas a la familia y a los amigos, pidiéndoles disculpas por los arrebatos de entusiasmo, "describir la naturaleza sudamericana para quien jamás salió de Europa, es como describir los colores a un ciego".

*Darwin recorrería muchos de los paisajes mostrados en este libro que usted esta leyendo ahora, pero uno de ellos, especialmente, cambiaría para siempre, su historia, la historia de la ciencia y la comprensión humana sobre el origen de la vida: las islas Galápagos. Allí, más que ver especies jamás imaginadas, él vió la propia manera de como evoluciona la vida: "Quedé tan impresionado con los organismos que vi en Galápagos (...) que decidí recolectar a ciegas toda clase de datos que pudiesen tener alguna relación con lo que son las especies. Leí pilas de libros (...). Por fin surgieron algunos rayos de luz. Estoy casi convencido de que las especies no son (eso es como confesar un asesinato) inmutables".*

Estaba todo allí para ser visto, la vida mutante está en constante proceso de adaptación al medio. Bastaban ojos atentos y espíritu abierto, lo que Darwin tenía de sobra. Eran 13 islas y más de 100 islitas perdidas en el medio del océano Pacífico, apartadas del continente a casi 1.000 kilómetros, lo que propiciaba la especiación, o sea, el surgimiento de nuevas especies o subespecies por alteraciones genéticas, frutos de adaptaciones al medio. Tanto que gran parte de los reptiles y aves de Galápagos son endémicos, exclusivos de allí.

Este archipiélago jamás había sido habitado por polinesios, ni por nadie, con excepción de raras visitas de piratas, pesqueros o cazadores de ballenas, a partir de mediados del siglo XVII. Por lo cual, mantenían altos índices de su número original de especies (en algunas islas, prácticamente de ambientes sin contacto con el ser humano, se mantiene aún hoy 95% del número original de especies).

Durante el tiempo que pasó en aquellas aguas, Darwin registraría, maravillado, la tierra (su geología volcánica, impresionante y en constante ebullición), el mar, que por la diversidad de corrientes reunía animales de climas tan distintos como pingüinos (*Spheniscus mendiculus*) y tortugas gigantes (*Geochelone elephantopus*); y, finalmente, aves, mamíferos y reptiles que, dependiendo de la isla del archipiélago en que habitaban, más húmeda, más seca, etc., presentaban claras diferencias unas de las otras en razón de la necesidad de adaptación al medio ambiente. Como los pequeños pinzones de Darwin, aves que recibieron el nombre a causa de los estudios del naturalista, y que se hicieron famosas por expresar este proceso.

De un ancestral común, resultaron hoy en las islas 13 especies semejantes, apenas diferenciadas por pequeñas adaptaciones, principalmente en el pico.

Este proceso continúa ocurriendo y fue estudiado durante décadas por la pareja de científicos Peter y Rosemary Grant, que se hicieron famosos, porque consiguieron registrar alteraciones en el tamaño del pico de los pinzones, a medida que las nuevas generaciones se adaptaban a los cambios climáticos o ambientales. O sea: ¡La evolución a ojos vista! Galápagos era, como la llamarían más tarde, "el laboratorio vivo de la evolución de las especies".

*El archipiélago ecuatoriano es realmente un laboratorio vivo y al alcance de los ojos, o, aún – lo que es mejor para el turismo –, de las cámaras fotográficas. Por haber vivido casi siempre distantes de la depredación humana, los animales de aquellas islas no temen la proximidad de las personas. Por los senderos en las islas hay que caminar con cuidado, para no perturbar a los animales descansando perezosamente al sol, cuidando de las crías o simplemente mirando el mar como se quedan los lobos marinos (Zalophus californianus), las iguanas marinas (Amblyrhynchus cristatus) y las muchas aves.*

Es como un Edén. En el presente, anualmente, casi 80 mil turistas de todo el mundo pagan caro para vivir, aunque sea por pocos días, su porción de paraíso.

Realmente con este inmenso atractivo natural, la tentación de un turismo desenfrenado y masificado nunca sedujo a Galápagos. Desde la creación del parque nacional en 1959, que protege 97% del territorio de las islas, el impacto del turismo es monitoreado. En 1974, este proceso fue reforzado con la elaboración del plan de manejo del parque, cuando fueron realizadas incontables evaluaciones de impacto ambiental por la participación de los visitantes, en cada uno de los atractivos, lo que resultó en la limitación del flujo diario para cada paseo, de acuerdo con su capacidad, sin colocar en riesgo el ambiente. Por ejemplo, las rutas de los barcos entre las islas fueron rígidamente determinadas y los horarios de los cruceros establecidos de modo de causar el mínimo impacto para la fauna marina. Del mismo modo, senderos terrestres fueron rehechos y caminos repensados para tener acceso a los atractivos, que interfiriesen lo mínimo posible con la dinámica de la vida animal. El parque nombró guías naturalistas y bilingües, muchos de ellos nativos de las islas, que conocen profundamente el contexto histórico y ambiental de la región, además de seguir y controlar las determinaciones de seguridad y de conservación.

En los primeros años del parque, ambientalistas y científicos se dedicaban a proteger lo que estaba solamente en tierra: animales y ecosistemas terrestres. Pero con el pasar del tiempo debido a la paulatina invasión de las aguas del archipiélago por pesqueros de todo el mundo, se tomaron providencias para la protección también de las aguas.

*Momentáneamente se inició la polémica. Después de algunas tentativas de implantación de una reserva marina, combatida por la población local que ganaba parte de su sustento de la pesca, el Servicio Parque Nacional Galápagos (SPNG) y la Fundación Charles Darwin optaron por reconsiderar el concepto de reserva marina. Sugirieron entonces un proceso participativo, que incluyese a todos los sectores involucrados, para la elaboración de una propuesta conjunta. Fue entonces creado un grupo núcleo con representantes de los sectores pesquero, turístico y de conservación. Juntos, elaboraron un plan de manejo para la Reserva Marina de Galápagos.*

Fueron decenas de reuniones de trabajo que llevaron a importantes decisiones y sirvieron de base para formular la Ley Especial de Galápagos de 1998, aprobada por el gobierno de Ecuador, creando la Reserva Marina de Galápagos y que excluyó la pesca industrial dentro de un área de 40 millas náuticas a partir de la línea de base que circunda las islas (133.000 km$^2$, la segunda mayor reserva marina del mundo, después de la Gran Barrera de Corales de Australia). Galápagos se vió así, doblemente protegida: por las nuevas leyes que respetaban la unión sistémica de tierra y mar y por todo un grupo de personas, de habitantes a científicos, ahora directamente involucrados en la concepción, planeamiento y en la ejecución del plan de manejo. La Ley Especial de Galápagos reguló también una serie de cuestiones fundamentales para la salud ambiental de las islas, fue creada una institución especial de vigilancia para impedir y/o controlar, por ejemplo, la introducción de especies exóticas de fauna y flora. En el pasado y hasta hoy, especies de animales y plantas traídas de afuera causaron enorme impacto por ser extremadamente invasoras de la naturaleza original. El flujo humano, de moradores o inmigrantes, también es rígidamente controlado: como Galápagos vive una mejor situación económica que la del resto de Ecuador, había y hay una tendencia a emigrar del continente hacia el archipiélago, comprometiendo seriamente el equilibrio ambiental. Con la ley del 98, esta cuestión se encuentra regulada y apoyada por la mayoría. Hoy, sólo pueden vivir en Galápagos los residentes censados, personas que se casan con alguien de allí o aquellos que tienen contrato de trabajo.

Otro ejemplo de sinergía es el movimiento intenso, no solamente de visitantes, como de donaciones, que el sector de turismo consigue impulsar. Centenas de millares de dólares por año son destinados a las necesidades del parque y a las instituciones que ejecutan diferentes programas dirigidos a la protección de Galápagos. La tasa por persona que pagan los turistas en la entrada, que es de U$S 100,00 (para extranjeros provenientes de países que están fuera del Pacto Andino y del Mercosur), genera una renta fundamental de algunos millones de dólares por año. Para tener una idea, casi la mitad (45%) del aporte de estas tasas queda directamente en el parque y consigue cubrir casi la totalidad de su presupuesto anual. Parte también es destinada a otras instituciones, entre ellas, la Alcaldía y la Marina para apoyar programas de educación ambiental en las escuelas y en la protección de la reserva marina.

Los reflejos positivos de los programas exitosos en Galápagos terminan beneficiando al país como un todo: cada turista extranjero gasta en promedio U$S 3.700,00 (datos de 2001) en un paquete turístico para Galápagos, de los cuales el 50% queda en Ecuador continental, el 15% en Galápagos y el 35% se destina a la economía mundial. Casi la mitad de la renta del turismo de Ecuador, de poco menos de U$S 500 millones, viene del turismo en el archipiélago.

Los movimientos de reunión en Galápagos, de los más diversos actores sociales en pro de la conservación, fueron reconocidos internacionalmente, inspirando otros parques del mundo a adoptar medidas integradoras: de ecosistemas, de gente, de intereses y necesidades de vida.

Una de las instituciones fundamentales en este proceso fue la Fundación Charles Darwin que nació junto con la creación del parque nacional, en 1959, y que, además de compartir con la dirección del parque las principales decisiones estratégicas, hace de puente entre Galápagos y diversas instituciones internacionales, tanto para la obtención de recursos como para la investigación científica. En los últimos años, dió apoyo logístico a más de 700 misiones científicas, lo que resultó en más de 6 mil trabajos publicados sobre el archipiélago y/o sus especies. Galápagos es hoy una de las partes más conocidas y estudiadas del planeta, aunque todavía falta mucho por ser investigado. Todo este conocimiento siempre fue importante apoyo para las acciones y para las políticas adoptadas en el parque.

Tanta productividad, de ideas, de iniciativas, en la naturaleza, alimenta en el tiempo el mito Galápagos, fascinando generaciones y generaciones después de Charles Darwin. Tal vez el misterio que tanto encanta venga de los activos volcanes de las islas y sus inolvidables imágenes de lava vertida e hirviendo el mar. Tal vez venga de algunos de sus animales tán peculiares: las tortugas gigantes o las iguanas marinas, animales que parecen llegados directamente de un tiempo pasado. O tal vez, aún, el hecho de estas islas haber inspirado una de las más importantes teorías de la era moderna, la evolución de las especies. Tal vez, todo esto junto, ya que un mito está compuesto por muchas facetas, y en Galápagos cada expresión es absolutamente inolvidable.

El Parque Nacional Gálapagos es una clase *in situ* de ciencias naturales, la fauna es tan abundante que se pueden percibir fácilmente las leyes de la naturaleza. Los pelícanos pardos (*Pelecanus occidentalis*), por ejemplo, están siempre cerca de los lobos marinos (*Zalophus californianus*), por si eventualmente sobra un poco de pescado para ellos.

Centenas de leones marinos se abrigan en las playas sin importarles la presencia humana. La playa es de ellos y nosotros somos los intrusos.

Las gaviotas blancas (*Creagrus furcatus*), al contrario de otros pájaros de la región, se alimentan en el océano durante la noche. De día, ellas permanecen en sus nidos en las paredes rocosas.

Con el aumento de la depredación del mar del archipiélago, ambientalistas y científicos se decidieron a proteger también la biodiversidad acuática de la región, creando la reserva marina de Galápagos.

Selvas de cactus recortan el paisaje árido y volcánico de Galápagos.

En la isla de Española, un visitante ilustre descansa. El raro albatros ondulado (*Diomedea irrorata*), el pájaro más grande de la región puede ser visto en su nido. La región es el único lugar del planeta en que ellos hacen nidos.

Los volcanes de las islas Isabela y Fernandina están entre los más activos del mundo. Sus explosiones de lava hacen el mar hervir y reconstruyen constantemente los contornos de las islas.

La fragata magna macho (*Fregata magnificens*) infla el pecho rojo y realiza elaboradas danzas: todo para llamar la atención de la hembra. El ritual de atracción puede exigir dos semanas de dedicación hasta que la compañera finalmente lo acepte.

El primer parque nacional de Ecuador, el archipiélago de Galápagos lucha por su preservación, una tarea ardua e intensa cuando un ecosistema delicado, aislado y único se depara con el ritmo de nuestra civilización actual.

Capaces de permanecer debajo del agua durante más de una hora, las iguanas marinas (*Amblyrhynchus cristatus*), endémicas de la región, raramente se sumergen durante más de diez minutos, debido a las aguas frías de la región.

De apariencia delicada, al buscar alimento, el piquero patas rojas (*Sula sula*) se lanza al mar a más de 100 km por hora, pudiendo alcanzar más de 10 metros de profundidad en su zambullida atrás de alimento.

Debido al constante cuidado de los guardabosques y de los bien entrenados guías turísticos de la región, los animales de Galápagos, como este pelícano, permanecen tranquilos con la presencia de humanos.

# Perspectivas para los parques nacionales

Cecília Ferraz

Los parques nacionales de América Latina deberán ser, en un futuro bien próximo, una referencia mundial, no solamente en términos de belleza escénica, sino también en lo que se refiere a sus acciones relativas a la conservación y al manejo de la biodiversidad e implementación de actividades sustentables e integradas a las poblaciones del entorno. Todo indica que es éste el camino.

Pero es bueno recordar: este cuadro se hará realidad con la ayuda de lo que se llama una "buen reclamo de la sociedad". La sociedad tiene derecho a usufructuar estas áreas y el deseo por la búsqueda de la naturaleza se hace cada vez más urgente en los días de hoy.

Por eso creo que los parques nacionales de América Latina serán cada vez más, blanco de una "reclamo conciente" por parte de los sociedad, en un primer momento, y a la sociedad de un modo general, en el sentido de su implementación. Implementación ésta que trata no sólo de las acciones necesarias de investigación y manejo de las áreas sino también de un mayor y mejor incremento en la recepción y apoyo al visitante, además de las acciones en sus respectivos entornos, junto a las poblaciones locales. En este sentido, algunas de las experiencias presentadas en este libro nos indican probables caminos a ser recorridos. Experiencias a ser reiteradas. La divulgación de las acciones que hoy ya son realidad en algunos parques es fundamental en este momento.

Por ejemplo: la primera y principal condición para el éxito de la implementación de un parque nacional, en mi opinión es el equipo; equipo que debe estar compuesto tanto por técnicos como por guardabosques especializados en el manejo de parques nacionales.

Además de esta condición, podemos aún citar un sistema de planificación real y efectivo , regularización fundiaria, asociaciones, participación y, por supuesto : recursos financieros.

*Cecília Ferraz – Directora de Ecosistemas de Ibama.*

# Parques nacionales y otras áreas protegidas

Cláudio C. Maretti

Las áreas protegidas son, al mismo tiempo, un ejemplo de éxito y un enorme desafío. Es indispensable enfrentar el desafío en la medida en que las áreas protegidas son uno de los mejores instrumentos para alcanzar los objetivos de conservación de la naturaleza, como parte integrante de los procesos de desarrollo sustentable. El éxito puede ser constatado, por ejemplo, con los datos presentados en la edición de 2003 de la lista de áreas protegidas de las Naciones Unidas: éstas ya cubren 11,5% de la superficie terrestre.

Actualmente, sin embargo, más que metas fijas para su creación, interesa proteger muestras significativas de la diversidad biológica y de los atributos naturales culturalmente interesantes. Justamente ahí comienza el desafío. Aunque se haya progresado mucho,existen aún ciertos ambientes que no están bien protegidos, en particular los ecosistemas acuáticos: sólo cerca de 0,5% de los mares y océanos. La protección tampoco está distribuida adecuadamente por el globo. En Brasil, por ejemplo, es evidente la falta de protección en la caatinga, la mata de araucarias y el cerrado.

Desde que se comenzó a reservar áreas para fines específicos, hace siglos, los objetivos han variado mucho, como también los métodos de gestión. En determinada época, los parques nacionales fueron un modelo que influyó en muchas de las unidades de conservación que existen hoy en día. Inicialmente, la creación de los parques nacionales estaba dirigida hacia la protección de paisajes impresionantes, así como sus objetivos se vinculaban al turismo. Pero el origen de los parques nacionales también está sujeto a la relación de las naciones con sus territorios. Quiere decir, éstos eran símbolos nacionales que buscaban representar el dominio efectivo de una nación sobre el territorio.

En Brasil, hoy, los parques pueden ser nacionales, estatales y municipales. Junto a otras categorías de unidades de conservación (como estaciones ecológicas, reservas de extracción, áreas de protección ambiental etc.), ellos deben colaborar, prioritariamente y por definición, para la conservación de la naturaleza. En el caso de Amazônia, por ejemplo, los parques nacionales, así como otras categorías de unidades de conservación, actúan como elementos fundamentales para evitar la desforestación.

Aún hoy, sin embargo, los parques también tienen objetivos turísticos. Desde el punto de vista de la clasificación internacional lo que define una categoría de gestión (o manejo), es el conjunto de sus objetivos. Por lo tanto, es solamente a través del turismo que los parques pueden cumplir plenamente sus funciones. Reside ahí uno de los aspectos más importantes de esa categoría: además de respetar el derecho que tienen las personas de conocer elementos naturales, se entiende que de esta manera, ellas también empiezan a comprender y a defender más aún la naturaleza. Esto se fortalece por el valor mítico que un área pasa a tener después de ser declarada como parque nacional, transformándose en un atractivo turístico – para bien o para mal.

Pero, hoy, ya hay un nuevo paradigma para la gestión de las áreas protegidas – consolidado en el Congreso Mundial de Parques (2003). Más que trechos de tierra "reservados", las áreas protegidas deben cumplir funciones de apoyo al desarrollo sustentado, además de ayudar a "dar forma" al modelo de desarrollo y al tipo de paisaje que la sociedad desea. Ellas ya no son más concebidas y generadas aisladamente, y sí, como parte de sistemas, redes y mosaicos, además de estar integradas a sus regiones. Incluso, no son más sólo las unidades de conservación creadas y administradas por gobiernos nacionales vigentes, ni mucho menos viables si son simplemente impuestas tecnocráticamente. Al contrario, ellas son generadas de hecho por una variedad de colaboradores, buscando integrar, a través de mecanismos participativos, la multiplicidad de capacidades necesarias para una gestión adaptativa.

En ese contexto es necesario, entonces, desmitificar los parques nacionales como entes aislados y supervalorizados, capaces ellos solos de resolver la protección a la naturaleza. Es necesario entenderlos como valores en sí, que solamente alcanzan su plenitud insertados en sistemas de áreas protegidas e integrados a sus regiones.

Ya se reconoce que, más que solamente definir un espacio o proteger un bien o una cualidad natural fundamental, un parque nacional representa la definición formal del valor (necesariamente cultural) que una sociedad atribuye a esa área y a sus recursos naturales – así como a los valores culturales a ellos asociados. Así entonces, es importante entenderlos como producto de nuestra apreciación de la naturaleza. Pues es nuestra postura lo que interesa: es necesario que la protección de la naturaleza esté integrada a todas nuestras acciones – incluyendo planes, obras, industrias, urbanización, etc. Así como es necesario considerar las áreas protegidas como elementos fundamentales en el orden territorial, en la perfección de nuestro paisaje, en la organización de nuestro desarrollo.

Sin embargo, para que los parques, así como otros tipos de áreas protegidas, puedan ser bien implantados e implementados, es fundamental contar con los recursos necesarios, incluyendo los financeiros, entre otros.

Es indispensable que haya suficientes profesionales bien capacitados, además del apoyo de los actores sociales, sobre todo los locales, para que un parque sobreviva en sus funciones.

*Cláudio C. Maretti colaboró en este libro con sugerencias y comentarios, sobre todo técnicos. Es doctor en geografía humana y vicepresidente regional de la Comisión Mundial de Áreas Protegidas, de UICN y coordinador del Programa de Áreas Protegidas y Apoyo al Arpa (Programa de Áreas Protegidas da Amazônia), en WWF-Brasil.*

## Entrevista a Luciana Napchan

*¿El libro es un proyecto de hace cinco años. Después de tanto tiempo, ¿cuál es el significado de haberlo hecho?*

El libro fue un ejercicio de paciencia y perseverancia. Pude percibir muy bien, en este proceso, la riqueza del camino. Así como la realización de cada foto fue una pequeña metáfora de la vida, así fue hacer el libro. Mucha perseverancia para hacer que todos los involucrados creyesen y apostasen en un proyecto tan largo.
Para mí fue también oportunidad: la fotografía me permite comunicar, en forma silenciosa, la manera como veo la naturaleza. Aunque quiero dejar claro, que no es necesario tener que ir a lugares distantes, como los del libro, para que observemos la maravilla del mundo natural. Basta con mirar las copas de los árboles de nuestras calles, percibir el perfecto equilibrio de una pequeña planta en una maceta, admirar las nubes que pasan rápidamente en un día de viento, encantarse con el andar felino del gatito de los alrededores.
Además de la oportunidad de comunicar, el libro es oportunidad de gritar. Como amante de una naturaleza preservada, siento necesidad de gritar por intermedio de mi fotografía, pues los árboles y los animales no claman por su preservación. Ellos simplemente mueren y desaparecen.

*¿Para ud. entonces ¿la fotografía tiene muchos significados?*

Al ver una fotografía, siempre pienso en la realidad que no pudo ser encuadrada por el fotógrafo. ¿qué ocurría alrededor de la escena en el momento en que la foto estaba siendo realizada? ¿Había personas alrededor o atrás de la cámara? ¿qué pasó momentos antes de hacer clic?
Y después, ¿todos se fueron? ¿Cuál era la temperatura del lugar en el momento de la foto? ¿A qué hora fue sacada? ¿Cuánto tiempo el fotógrafo demoró para llegar allí?
La fotografía eterniza 1/250 de segundo de la realidad.
Para cada foto hecha fueron necesarias muchas decisiones, muchas elecciones.
Entonces yo resumiría cada fotografía como un regalo dado al fotógrafo por su obstinación, su insistencia. Un fotógrafo de la naturaleza tiene que ser un obstinado. La foto final es una conjunción positiva de varios factores que no fueron ofrecidos gratuitamente. Se debe estar a la hora justa en el momento justo, con la intención correcta. Para que esto ocurra se debe estudiar la situación que será vivida. Son imprescindibles algunas dosis de sensibilidad, intuición, flexibilidad y coraje. Pude vivir todo esto realizando las imágenes para este libro. Este libro es el deseo de realizar algo como retribución, retribuir a la naturaleza todo aquello que ella me permitió y de esta manera trabajar por su preservación.

*Su trabajo siempre se caracterizó por una fotografía "de arte", interpretaciones de la realidad. En el caso de este libro, que muestra fotografías de la naturaleza, ¿el objetivo máximo es la fidelidad a la naturaleza retratada, la precisión?. En términos de observar, ¿qué cambió para ud.?*

La naturaleza es tan perfecta que no necesita interferencias. En el momento en que la estoy fotografiando es como una

relación de devoción. Yo me postro delante de la naturaleza. Ella es mi maestra y yo estoy allí para aprender. Así siempre al penetrar en una floresta, silenciosamente le pido permiso.
Parques nacionales y otras áreas protegidas, los últimos recónditos lugares preservados del planeta, son reductos sagrados. Cada milímetro de una floresta milenaria es sagrado. Al fotografiar esta naturaleza sagrada, deseo aproximarla a las personas. Para que percibamos cuánto ella es nuestra, y nosotros le pertenecemos.

***¿Cómo relaciona la fotografía y la cuestión de la protección ambiental? ¿Ella puede ser una herramienta de transformación de realidades?***

El acto de fotografiar, una acción continuada de mirar, seleccionar y enfocar, nos enseña a ver con más precisión. Al fotografiar constantemente nos tornamos más sensibles a las sutilezas de las luces, de las sombras, de los detalles.
Así creo que aprender a fotografiar puede ser un acto de percepción ambiental.
En los días actuales debemos ser económicos y ecológicos. El desperdicio no reciclable puede ser notado diariamente, en todo. Inclusive en el deshecho químico y/o tecnológico provocado por la fotografía. De esta forma al vincular nuestro arte/profesión a algo en que creemos, ella se torna más poderosa, positiva, económica y ecológica.
La fotografía trae a las personas, aquello que está distante y/o que ellas jamás vivirán. Puede ser una gran arma utilizada a favor de la protección ambiental.

***¿Cuál o cuáles de los lugares visitados la marcaron más? ¿Por qué?***

Realizar este libro fue un descubrir América Latina. Brasil vive orientado hacia el océano, dirigimos nuestras miradas para Europa y América del Norte. Idealizamos todo lo que viene de afuera. Y estamos apoyados esplendorosamente y de espaldas para América Latina.
Lo fascinante en la realización de este trabajo fue el descubrir las similitudes del pueblo latinoamericano, su dulzura y hospitalidad.
Al conocer todos estos lugares, fortalecí la idea que la naturaleza no tiene fronteras. Especies semejantes de fauna y flora de la Floresta Atlántica brasileña, por ejemplo, pueden ser vistas en las florestas de Costa Rica. Pude vivenciar una vez más la unidad de todo.

***¿Cómo vio, y retrató, la cuestión humana, el ser humano, dentro de esas unidades de conservación?***

Somos todo y todos naturaleza, no hay nada en este planeta o en este infinito que no sea naturaleza. Sin embargo no siempre nos encontramos en armonía con la naturaleza ambiental.
Sí, la palabra armonía viene como anillo al dedo en este caso. En mis andanzas por los parques nacionales vi hombres, mujeres y niños en armonía con el medio ambiente en que vivían. Ellos percibían la divinidad en cada pedazo de tierra, en los riachos, pájaros y en otros seres humanos.
Es necesaria mucha humildad para que respetemos la

naturaleza, ya que se debe respetar igualmente a la hormiga, al jaguar, respetar a los musgos y a los árboles esplendorosos. La lección aprendida en los viajes fue la de la humildad. De esa forma traté de captarla, junto con la dignidad que vi en los ojos de muchos de los que fotografié. Otro detalle significativo sobre la mayor parte de las personas con que conviví o fotografié en las unidades de conservación, es que estaban allí porque anhelaban y amaban aquella forma de vivir. Los guardaparques en Torres del Paine, por ejemplo, viven aislados y apasionados por sus montañas. Ellos se consideran, y son, guardianes de aquellas maravillas, velando por su armonía. Ellos realmente tienen apego al medio ambiente en que viven. A la naturaleza, al contrario que a los bienes materiales, vale la pena apegarse. El apego genera amor y al amar a un paisaje, a un animal, a un río, a un árbol, estamos creando un compromiso que genera una posibilidad de preservación.

*¿Cree que la fotografía tiene el poder de transportarnos para esas otras realidades? ¿Cooptar a las personas a través de la mirada?*

Creo que las imágenes tienen el poder de hacernos olvidar nuestra realidad. Las imágenes nos hacen soñar o llorar. Viajamos a través de las imágenes. Hay una bellísima frase que define una buena imagen fotográfica: "Para ver bien una foto más vale erguir la cabeza o cerrar los ojos. No decir nada, cerrar los ojos, dejar que el detalle remonte solo a la conciencia afectiva." de Roland Barthes. Una buena imagen nos llega por el afecto, por la emoción. El fotógrafo puede elegir entre ampliar una aberración o una perfección; en el caso de la conciencia y preservación ambiental, ambas, la destrucción y la conservación deben ser enfocadas, ambas movilizarán.

*Retratar animales dentro de la naturaleza no es nada fácil. ¿Cómo ud. lo hizo?*

Para fotografiar animales, en algunas situaciones, es positivo crear una relación entre el fotógrafo y el fotografiado. En este caso, es como un galanteo.
En el Parque Nacional del Manu por ejemplo, en el Amazonas Peruano, yo pasaba horas atrás de un mono Bugio y así él se acostumbró a mí, me miraba, miraba la cámara, se acercaba, hasta el día en que subió sobre mi hombro, se hizo mi amigo. Es fascinante, porque así nace la chance de que conozcamos un poco sobre la personalidad del animal.
Cada animal fotografiado, es único para mí. Ellos son, generalmente curiosos, y muchas veces, dependiendo de la especie, perciben que estoy allí, cerca de ellos con buenas intenciones. Como nosotros, los animales tienen sus actividades cotidianas, repiten acciones diariamente.
El fotógrafo u observador que desee verlos debe tener paciencia y aguardar. Llegué a pasar días y días en un pequeño escondite de hojas de palmeras, aguardando el momento propicio para una buena foto de la fauna.
El lugar era donde los monos araña venían a alimentarse. Sólo había espacio para un banquito y yo me quedaba allí, quietita. Después de algunos días, resolví llevar un cuaderno

de anotaciones y un libro. Leí un libro de 800 páginas en algunos días. Los monos, sin embargo, nunca vinieron.
Las imágenes soñadas y no realizadas, son frecuentes. Recuerdo una ocasión en que estaba andando por la selva Amazónica con un guía indígena. Caminaba con el equipo fotográfico y él, generalmente con el arco y las flechas. Aquella mañana, él estaba sin sus armas. Fue cuando comenzamos a escuchar un ruido ensordecedor, a mí me parecía una jauría de perros salvajes, después del bullicio, vino el olor fuerte. Eran centenas de cerdos salvajes.
Mi amigo gritó, cerdos salvajes, vamos a huir. Yo titubé, imaginando la foto maravillosa que podría hacer... sin embargo pensé, "¡¡¡él que es indio quiere huir!!!! si él tiene miedo, la cosa debe ser seria...". Salimos corriendo y él gritaba, suba a un árbol y yo no imaginaba como podría hacerlo... me había olvidado de aprender a trepar árboles. Días después, conté el episodio en el lodge en que estábamos y los guardaparques y los guías dijeron: "donde hay cerdo salvaje, hay un jaguar que los caza y atrás del jaguar, se puede observar un pájaro raro que se alimenta de los organismos que se alojan en la piel del jaguar. Ud. perdió una situación extremadamente rara". Percibí que la mirada de ellos mostraba esa conciencia que nace con la creación de parques nacionales, donde la naturaleza deja de ser enemiga del hombre.

*¿Cómo fue ser mujer y estar sola en el medio de la floresta?*

La mayoría de las personas imagina esta situación como asustadora, adversa, postura con la que de ninguna forma estoy de acuerdo. La sabiduría nos dice "Ayuda a la naturaleza y trabaja con ella, y la naturaleza te tendrá por uno de sus creadores, protegiéndote".
Los parques nacionales son, en teoría, lugares razonablemente protegidos, pero, como mujer es necesario estar siempre alerta a situaciones que puedan tornarse inadecuadas. Para una fotógrafa, en algunas situaciones, se abren las puertas más fácilmente.
Una mujer sola al entrar en un poblado es menos amenazadora que un hombre barbudo. Como mujer, frecuento gran parte de los ambientes femeninos y recibo cordialidades de los hombres, de esta forma, puedo conocer más fácilmente la intimidad del fotografiado.
¡Tengo más miedo del hombre que del animal! En algunos momentos es necesario recordar que la vida es más importante que el arte.

Luciana Napchan
*Estudió cine en la Universidade de São Paulo, Brasil y en la Escuela de Cine de Munich, Alemania, período éste en el que trabajó como asistente para fotógrafos europeos. Al retornar a Brasil trabajó como fotoperiodista para el periódico Folha de S. Paulo y para diversas revistas como Marie Claire, Caminhos da Terra, Vogue.*
*Su fotografía se inclina principalmente para temas relacionados a cuestiones sociales y ambientales. Realizó exposiciones fotográficas en museos y centros culturales en Brasil y en el exterior combinando fotografía y artes plásticas.*
*Su trabajo "Gritos da Rua" – "Gritos de la Calle" fue expuesto en el Art Museum of the Americas en Washington DC, USA y publicado en la* Time Magazine *en edición especial sobre jóvenes líderes para el nuevo milenio.*

## Entrevista a Walter Behr

*¿A qué público se destina este libro y cómo puede contribuir para involucrar más personas en la cuestión ambiental?*

El calentamiento global y el aumento de catástrofes naturales son sólo algunas de las reacciones ambientales a nuestro desarrollo insustentable, que ya consume más del 20% de los recursos naturales que nuestro planeta puede reponer. Estas reacciones ambientales están, y estarán, cada vez más presentes en el día a día de las personas, que, quieran o no, tendrán que involucrarse más seriamente en el asunto, hasta por una cuestión de sobrevivencia.
Me pregunto siempre: "¿cuánto tiempo la humanidad pretende vivir con razonable calidad de vida en este planeta?". ¿durante cien o mil años más? Por la voracidad con que estamos consumiendo nuestros recursos naturales, yo diría que parece que ya está decidido que pretendemos acortar nuestra estadía aquí...
Lo que pasa es que las decisiones están en manos de una pequeña élite, en detrimento de miles de millones de personas y de las futuras generaciones. ¿No les vamos a preguntar a los niños lo que ellos quieren? ¿No les vamos a preguntar a todos los involucrados? La influencia de la población que tiene la fuerza del poder económico, en general concentrada en los grandes centros urbanos, es vital en este proceso. La salvación del Amazonas, sólo para dar un ejemplo, está mucho más en São Paulo y en Brasilia, donde está la fuerza del poder económico y de decisión, que en Manaos o en Belén. Es a este público de las grandes ciudades que este libro pretende sensibilizar. En Brasil, así como en América Latina de manera general, la población no está familiarizada con lo que es un parque nacional y las relevantes funciones que desempeña en el contexto ambiental y económico. Con la edición de este libro, lo que se pretende es llevar al público las actividades desarrolladas en los parques nacionales. Por eso la elección de ejemplos de programas ambientales exitosos que, además de inspirar a los gestores de unidades de conservación públicas y privadas, pueden despertar el interés de aquéllos que todavía no forman parte de la comunidad que usufructúa las maravillas que un parque nacional proporciona.

*¿Cómo ven las personas a los parques nacionales?*

Un parque nacional protege un ambiente natural con el objetivo de proporcionar educación ambiental, protección de su biodiversidad, investigación científica y permitir que lo visite el público. Pero la realidad está lejos de la teoría, lamentablemente, con raras excepciones, los parques nacionales son vistos como "tierra de nadie", donde cada uno hace lo que quiere. O muchas veces, se visita un parque nacional, pero se ignora que el área visitada es un parque, como ocurre con el 90% de las 750 mil personas que visitan anualmente el Pão de Açúcar, dentro del Parque Nacional de la Tijuca.
La sociedad tiene que sentirse responsable por estas áreas y participar más directamente en la formulación de programas que permitan que los objetivos de un parque sean alcanzados. Dejando sólo en las manos del gobierno,

las áreas protegidas y las áreas naturales "no protegidas" continuarán siendo "tierra de nadie" o ignoradas, como es el caso del Amazonas, que está siendo devastado rápidamente.
Precisamos actuar, cada uno haciendo su parte, antes que sea tarde. Y el libro procura indicar algunos ejemplos que pueden ser copiados, no solamente en unidades de conservación.

***Ud. cita el Amazonas. ¿ qué podría hacerse para evitar que ella sea totalmente destruida?***

Tuve una experiencia interesante en el Amazonas. En 2003, cuando llegué a la gerencia ejecutiva de Tefé (Ibama), cuya área de actuación abarca más de 50 millones de hectáreas de selva bien preservada del Amazonas Occidental, había otros 14 nuevos analistas ambientales del Ibama. No había mínimas condiciones de trabajo. Éramos, sin embargo, un pequeño grupo entusiasmado de profesionales (entre ellos ingenieros forestales, biólogos, administradores, un arquitecto y hasta un especialista en ecoturismo, recibido en la London School). Elaboramos entonces un proyecto de emergencia, de menos de U$S 600 mil, que prevía abastecer a la gerencia con una mínima infraestructura para comenzar a cambiar la situación de abandono de esa inmensa región. Llevamos el proyecto a la dirección del Ibama en Brasilia y argumentamos que si ese apoyo estratégico no fuese ofrecido, en menos de un año, todos los analistas ambientales se irían, pues permanecer en un área aislada sin mínimas condiciones de trabajo sería impensable. Nada fue hecho, y así fue, que, sin estructura, después de un año, todos se fueron y perdimos una gran oportunidad.
Una vez un amigo mío hizo la siguiente comparación: "Tefé debería ser una Nasa del medio ambiente, pues reúne la parte más preservada del Amazonas, de importancia estratégica y planetaria. Por menos de U$S 600 mil perdimos una gran oportunidad."
Ud. me preguntó qué podría hacerse. Éste es un pequeño ejemplo de lo que podría haber sido hecho. En breve, la misma gerencia recibirá un nuevo cuerpo de analistas ambientales provenientes de un nuevo y raro concurso. ¿Volveremos a perder esta gran oportunidad, nuevamente?

***¿Cómo entró en su vida la cuestión ambiental?***

Desde temprano, mis padres nos proporcionaron a mis hermanos y a mí un intenso contacto con la naturaleza, que fue, sin duda, determinante para nuestras vidas. Recién recibido, me vi delante de un dilema, dedicar la parte más importante de mi vida a ganar dinero y tener una vida convencional o luchar por la causa ambiental.
Mis amigos me aconsejaban que primero me garantizara una estabilidad y después que entablase la lucha por el medio ambiente. Como podría morir antes de que ese día llegase, resolví dedicarme a la causa desde el comienzo.
Fui a vivir en la Sierra de la Bocaina, ayudé a fundar una ONG ambientalista y hoy soy analista ambiental del Parque Nacional de la Sierra de la Bocaina.

***¿Es preciso abandonar todo, cambiar radicalmente el estilo de vida para engancharse en la causa ambiental?***

No. Pequeñas actitudes ya ayudan mucho, como evaluar las consecuencias que causan nuestras decisiones. Es importante que seamos críticos. Por ejemplo: comprar madera del Amazonas o de reforestación, en el momento de construir una casa. Comer menos carne y más productos orgánicos, producir menos desperdicios, etc. No quiero ser radical, pero es preciso que cada uno sea conciente de las consecuencias de sus acciones en diversos aspectos. Cuando consumimos carne, por ejemplo, ¿tenemos conciencia de que 70% de la devastación del Amazonas es para la formación de nuevos pastizales para el ganado? Ese tipo de cuestionamiento propicia una nueva relación con nuestro planeta. Pasamos a sentirnos responsables por él y a cambiar nuestras actitudes. Otra cuestión que las personas evitan, ¿cuál es la responsabilidad de cada uno sobre la desigualdad social en que vivimos? Estamos creando desigualdades cada vez más brutales. Sin embargo, existe un grado de egoísmo en extremo cuando pensamos que el otro no tiene el mismo derecho que nosotros de usufructuar el bienestar, pues simplemente es ambientalmente imposible que todos tengan el mismo estándar de vida que la élite. La destrucción ambiental es consecuencia directa de la miseria humana, una trae la otra. Y cuando Ud. se involucra en la cuestión ambiental comienza a ver esa relación y a tratar de construir un mundo mejor, más igualitario.

*Pero el medio ambiente, por otro lado, no nos lleva a la acción, pero sí a la contemplación, a quedarnos mirando lo bello...*

Sin duda, es importante contemplar la belleza del planeta paraíso que nos fue ofrecido y dejar de colocar tanta energía para destruirlo. Claro que precisamos, como segundo paso, salir de la contemplación e ir para la acción. Salir del acomodamiento de lo bello e ir para la osadía de la práctica, como es la propuesta de nuestro libro. La gente tiene tanta osadía para destruir, no faltan recursos, intereses subsidiados para aumentar las áreas plantadas de soja, ¿no es verdad? Atrevámonos entonces... proteger, cuidar, usar la naturaleza cuando es necesario, con mucho cuidado.
O si no continuaremos subsidiando la soja y el ganado, por ejemplo, con la destrucción ambiental y la miseria social. Tenemos la única frontera agrícola en expansión en el mundo. Después de arrasar el Cerrado, avanzamos sin tregua sobre la última gran área natural que sobró: el Amazonas.
Los medios de comunicación, en general, venden grandes celadas. Vea de nuevo la cuestión de la soja y de la pecuaria: quedamos exultantes con el superávit que trae la exportación agrícola. ¿Será verdad que la salvación de América Latina está en la venta de productos agropecuarios subsidiados por nuestros recursos naturales destruidos, suelo, agua, selvas tropicales?

*¿Y cómo surgió la idea del libro?*

Desde la fundación de la Asociación Pro Bocaina, comencé a preocuparme por el Parque Nacional de la Sierra de la Bocaina y siempre me deparé con inmensas dificultades, cuando no impedimentos, para colocar en práctica acciones que buscaban cambiar el estado de abandono y destrucción. Llegó un determinado momento en que resolvimos conocer ejemplos exitosos en Brasil y en América Latina, que

pudiesen ser una inspiración para nosotros. La riqueza que presenciamos fue una grata sorpresa, pues, hasta hoy, en congresos y seminarios sobre unidades de conservación, son resaltados modelos norteamericanos, llegados de una realidad cultural, económica y ambiental completamente diferente a la nuestra.
Habiendo presenciado en América Latina ejemplos creativos y exitosos, que en algunos casos son referencia mundial, nos sentimos motivados a colocarlos en un libro. Ejemplos con más chances de ser copiados aquí. Así surgió la propuesta del libro.

***¿Lo impresionaron los parques nacionales latinoamericanos?***

Los brasileños, tenemos dificultades de mirar con interés a nuestros vecinos. América Latina es un continente de bellezas naturales y culturales increíbles. Tenemos aún hoy, en pleno siglo XXI, pueblos indígenas no contactados. Tenemos historias de grandes culturas, como la de los incas. Y tenemos también creativos ejemplos de gestión ambiental.
Quedé impresionado con los ejemplos que conocí en parques nacionales en Costa Rica, Chile, Argentina, Ecuador, entre otros, que son retratados en este libro. Tenemos mucho que aprender unos de los otros, intercambiar y más que nunca actuar, poner manos a la obra. Después del libro, llego a la conclusión de que es esto lo que falta. Basta de hablar tanto y discutir. Vamos a proceder.

***Pero la cultura ambientalista, hasta hace poco tiempo, era la de aislar a los parques nacionales, hacerlos intocables.***

Sí. Existía una resistencia a la participación de la sociedad en los parques nacionales y felizmente eso cambió mucho. Precisamos ahora facilitar y promover las alianzas con ONGs, empresas, instituciones de investigación, voluntarios, practicantes... En Brasil, los parques nacionales deben formar sus consejos consultivos y ésta es otra importante forma de participación social. Los municipios, las ONGs y las personas que están en las inmediaciones de los parques nacionales precisan involucrarse.
Muchos propietarios de los alrededores, si son incentivados, acaban participando y hasta crean Reservas Particulares del Patrimonio Natural (RPPN) en países como Brasil, donde esto es legalmente posible. Ampliar la protección para las proximidades es estratégico para las unidades de conservación.

***¿Y qué les falta a los parques nacionales brasileños?***

En mi opinión son diversos factores. Ya mencioné la importancia de las alianzas con ONGs, empresas, universidades. Es importante, también, la presión de la sociedad sobre los gobiernos. Cuanto más le importe a la sociedad, más atención será dada a las unidades de conservación. Otro factor omnipresente en América Latina es la falta de recursos. Recuerdo que en una visita a un parque nacional de Alemania, sólo para construir un centro de visitantes más, el parque tenía un presupuesto de U$S 4 millones... El parque tenía hasta una imprenta propia para imprimir su material de divulgación.
Sin duda, una realidad bien diferente de la nuestra.
En Brasil, sin embrago, desde 2000, con la ley que instituye

el Sistema Nacional de Unidades de Conservación (SNUC), por lo menos el 0,5% del valor de emprendimientos que generan impacto ambiental, debe ser destinado como compensación ambiental a las unidades de conservación. Son recursos que podrían cambiar la historia de abandono de las unidades de conservación en Brasil.
Prioridad absoluta se les debería dar, entonces, a la utilización de estos recursos, ¿no? Lamentablemente no es lo que ocurre, a tal punto que ya se han formado poderosos *lobbies* para discutir los valores de esas compensaciones ambientales y ya inclusive están intentando cambiar la ley para que las empresas paguen menos.

***¿Qué nos puede decir sobre las unidades de conservación de uso directo?***

Es un modelo brasileño que aprecio mucho, principalmente las reservas de extracción (*Reservas Extrativistas – Resex*). Pocos ejemplos en el mundo son tan bonitos como los de las resex brasileñas que nacieron de una iniciativa de los recolectores de caucho y de las ideas y del sacrificio de Chico Mendes. Es una categoría de unidad de conservación que garantiza la presencia de la población tradicional y promueve el uso sustentable de sus recursos. Su creación y su planeamiento son hechos por las bases, por la comunidad, teniendo en vista que en general los representantes de las comunidades son la mayoría en los consejos deliberativos que toman las decisiones.
Por eso tienen gran potencial para tener éxito. La sociedad asumiendo el proceso... Este fue un bello ejemplo brasileño de cómo contener la destrucción de la naturaleza: involucrando a la población local en su protección. Chico Mendes fue genial en eso.
Tuve una experiencia de más de un año en la Reserva de Extracción del Baixo Juruá (*Reserva Extrativista do Baixo Juruá*), en el Amazonas Occidental. Menos del 10% de su área es usada para extracción o producción. Aunque se consideren los efectos causados sobre los límites, queda preservado de 80% a 90% de su territorio. Cuando sus recursos son amenazados por invasores, los moradores de la resex defienden su territorio o procuran ayuda del poder público. En Juruá, fue hasta la comunidad la que construyó la sede del Ibama y recibió de brazos abiertos a sus funcionarios. Los reflejos de esta experiencia exitosa se extienden a áreas adyacentes e incentivan a otras comunidades a pedir la creación de nuevas resex.
Por lo que viví, con relación a los parques nacionales, creo que tenemos mucho que aprender de nuestros vecinos, pero con relación a las unidades de uso directo, Brasil, el Amazonas, los ribereños, tienen mucho que enseñar.

Walter Behr
*Se graduó en Administración de Empresas por la Fundação Getúlio Vargas (FGV-SP). Al comienzo de la década de los 90 trabajó en la Greenpeace y en 1993 fue uno de los fundadores de la Asociación Pró Bocaina, participando de la elaboración del Plan de Manejo del Parque Nacional de la Sierra de la Bocaina.*
*En 2002 se incorpora al Ibama como Analista Ambiental. Hasta 2004 trabajó en la Reserva de Extracción del Baixo Juruá – Amazonas brasileña. Actualmente es el responsable por las compensaciones ambientales y por las alianzas de cooperación en el Parque Nacional de la Sierra de la Bocaina.*

# Bibliografía


ADAMS, Ansel. *Examples, the making of 40 photographs.* Little, Brown, 1983.

ALTMAN, Nathaniel. *Sacred trees.* Sierra Club Book, 1994.

BARBIERI, Gian Paolo. *Madagascar.* The Harvill Press, 1995.

BLOSSFELDT, Karl. *Photographs.* Taschen, 1994.

CALLIGARIS, Gustavo. *Patagonia, el país de las visiones.* Patagonia Geográfica, 2002.

*Cerrado, Vastos Espaços.* Edições Alumbramento, 1992/1993.

CHAPE, S. et al. (compilers). *2003 United Nations list of protected areas.* Gland e Cambridge: IUCN e UNEP-WCMC, 2003.

COUTINHO, F. & Brito et al. From Pre-assumptions to A 'Just World Conserving Nature': The Role of Category VI in Protecting Landscapes; in: Brown, J. at al *The protected landscape approach: linking nature, culture and community,* 2005.

CURTIS, Edwards S. *Native Nations.* Callaway Editions, 1993.

DE ROY, Tuy. *Galapagos: Islands born of fire.* David Bateman, 1998.

DPNG. *Plan de manejo de conservación y uso sustentable para la Reserva Marina de Galápagos.* Dirección Parque Nacional Galápagos. Quito; Registro Oficial nº 173. 1999.

FERREIRA, L. V. et al. *Protected areas or paper parks: the importance of protected areas in reducing deforestation in Rondônia, Brazil.* WWF-Brasil e Inpa-PDBFF. 2001.

FUNDACIÓN NATURA. *Informe Galápagos,* 1999-2000 e 2000-2001.

GARAY N, Gladys et al. *Conociendo la flora y montaña de Torres del Paine.* 1997.

GOELITZ, J. *Secrets from the lives of tree.* Planetary Publicatons, 1991.

GRANT, Peter et al. *The beak of the finch.* J. Weiner, 1994.

KEMF, Elizabeth. *The law of the mother, protecting indigenous peoples in protected areas.* Sierra Club Book, 1993.

KRISHNAMURTI. *Sobre a natureza e o meio ambiente.* 1991.

LANTING, Frans. *Jungles.* Taschen. 2000.

MACQUARRIE, Kim. *El paraíso amazónico del Perú: Manu – Parque Nacional y Reserva de la Biosfera* (edição bilíngüe). 1992.

MARETTI, C. C. Conservação e valores: relações entre áreas protegidas e indígenas, possíveis conflitos e soluções. In: *ISA. Desafios Socioambientais: Sobreposições entre Terras Indígenas e Unidades de Conservação no Brasil.* São Paulo; Instituto Socioambiental, 2004.

OYARZÚN, Gaston et al. *Torres del Paine.* Editor Dominique Verhasselt, 1997.

PHILLIPS, Adrian. Turning ideas on their head; the new paradigm for protected areas; in: Jaireth, Hanna & Smyth, Dermot (eds.) *Innovative governance: indigenous peoples, local communities and protected areas.* Nova Délhi; Ane Books, 2003.

PORTER, Eliot. *Galapagos: the flow of wildness.* vol. 1, Discovery – Sierra Club, Ballantine, 1968.

SÁ CORRÊA, Marcos et al. *Parque Nacional da Tijuca. 140 Anos da Reconstrução de uma Floresta.* Ouro sobre Azul Editora Ltda., 2001.

TERBORGH, John et al. *Making parks work.* Island Press, 2002.

WILSON, Edwards O. *O futuro da vida,* 2002.

# Agradecimientos

Muchas personas e instituciones nos ayudaron a realizar este libro. Con informaciones, buena voluntad, apoyo en los respectivos lugares. Como éste es un proyecto de 5 años de edad, esperamos no habernos olvidado de nadie. A todos, nuestro agradecimiento.

*Agradecimientos especiales a Guilherme Leal – que desde el inicio creyó en la realización de este proyecto –, Luiz Seabra, Pedro Passos, José Eduardo Dutra, Wilson Santarosa, Izeusse Braga, Luiz Carlos Burti e Leandro Burti – que posibilitaron la materialización de este libro.*

Agradecimientos especiales a Antonio Portinho, Camila Alves, Catherine Kuglik, Cecília Ferraz, Claudia Guimarães, Claudio Edinger, Claudio Maretti, Daniel Di Giorgi Toffoli, Deborah Neistein, Dorothy Napchan, Efraim Zaclis, Fábio Cesnik, Fábio Feldman, Fernando Cavalheiro, Fernando Furriela, Fernando Zuffo e Adriano, Flavia Tanaka e Benê, Flavio Ignacio, Geraldo Falcão, Guilherme Farah, Heloisa Vasconcellos, Henrique dos Santos Pereira, Hugo Penteado, Ilan Wallach, Ioram Finguerman, Jairo da Rocha, João Araújo, Justo Alcazar, J. C. Pierina, Leonardo Muniz, Luciana Ferreira Leite Pinto, Marcelo Sanovikcz, Marcelo Soderi, Marcos Egidio, Maria Berenhoc, Maria Luiza, Maria Paula Fonseca, Mauro Berenhoc, Nilton Sonoki, Paulo Belleza, Paulo Sergio Barros Gama do Nascimento, Raquel Biderman, Renata Paiolli, Renata Sbardelini, Rita Vilarim, Rozely Ferreira, Rudi Böhm, Samuel Napchan, Silvio Pereira, Socorro, Stefania Valle, Stela Grisotti, Tabata, Toninho, Vanessa Kaufmann y a nuestros respectivos familiares.

*Parque Nacional del Manu:*
Inrena – Instituto Nacional de Recursos Naturales
Administración del Parque Nacional del Manu
Perú Verde
Inka Natura Travel
Asociación para la Conservación de la Selva Sur (ACSS)
Inkanatura Travel
Pantiacolla Tours- Marianne van Vlaardingen
Agradecimientos especiales para Charles Munn, Mariana Valqui, Modesto, Walter Mancilla, John Terborgh, Daniel Blanco, Rafael Tamasteiro, Rafael Tamasteiro, Juan Carlos Flores, Jesus, Raul, Ruben, Carlos, Patricia y Regent Gravel

*Parque Nacional Torres del Paine*
Conaf – Corporación Nacional Forestal
Administración del Parque Nacional Torres del Paine, Guilhermo Santana
Big Foot, Sergio Echeverria
path@gone, don Alfonso
Hosteria Lago Grey
Viaje Pehoe, Johny Maclean
Agradecimientos especiales para Don Oscar Guineo, Patricia Perez, guardabosque Freddy Bariento, Jorge, Juan Jose Salaz, Carlos, Alexandro y Ulisses

*Parque Nacional de la Chapada dos Veadeiros:*
Ibama – Instituto Brasileño del Medio Ambiente y de los Recursos Naturales Renovables
Administración del Parque Nacional de la Chapada dos Veadeiros, Rosa Lia Gondim, Pedro Alberto Bignelli, Vilmone Manoel Ferreira
WWF – Fondo Mundial para la Naturaleza/ Proyecto Veadeiros, Ricardo Mesquita da Fonseca, Roseli Madeira, Luiz José do Rego da Cunha Lima
OCA – Taller de Ciencia y Arte, Paulo Maluhy
Asociación de los Conductores de Visitantes de la Chapada dos Veadeiros, Valdoram Bastos
Agradecimientos especiales a Lula y Yashen

*Parque Nacional Volcán Arenal y Parque Internacional La Amistad (Costa Rica):*
Minae – Ministerio del Ambiente y Energía
Sinac – Sistema Nacional de Áreas de Conservación, Francisco J. González, Vera Violeta Montero, Francisco
Área de Conservación Amistad – Pacifico, Gladys De Marco
Administración del Parque Nacional La Amistad, Ronald Chan Fonseca
Administración del Parque Nacional Arenal, Gilberto Chávez Matamoros
Inbio (Instituto Nacional de Biodiversidad), Angel Solís, Karla Sanabria M., Vilma Obando Acuña, Mario
OTS – Organización para Estudios Tropicales, Rodolfo Quirós, Claude J. Tremblay
Asociación Conservacionista de Monteverde, Ronald Chavarria Viales
Bosque Eterno de los Niños (BEN)/ Children's Eternal Rain Forest
Org. Conservacionista Ohoje
Tabacón Hot Springs Resort & Spa
Sky walk, Monteverde
Ecocentro Danaus
Agradecimientos especiales para Lola y Maurício Frajman, Helen y José Miremberg, Cyra Mikowski, Hugo Solano y Johana Padilla

*Parque Nacional Nahuel Huapi:*
Administracion de Parques Nacionales, Salvador Vellido
Administración del Parque Nacional Nahuel Huapi: Sergio Rusak, Victor Arrechea, Alberto E. Quintero, Claudia de La Orden, Claudio Chehébar, Maria Soledad Caracotche, Marcia Urbinatti.
Asociación de Guardabosques de Argentina, Daniel Paz
Fundación Vida Silvestre, Alejandro Vila
Equipo del Cuerpo de Bomberos, Incendios Forestales
Llao Llao Hotel & Resort Golf Spa
Hosteria Las Balsas, Villa La Angostura
Panamericano Hotel
Hotel Tronador
Hotel Design Suites & Towers
Cabañas Rosas Amarillas
Puerto Blest S.A., Catedral Turismo
Travessias fotográficas
7 Lagos alquiler de automóviles
Agradecimientos especiales para Gustavo Galligaris, Sergio Juan Barbagallo, Mariana, Fernanda Arteche, Romina Cambiasso, senhora Beatriz, Mariana Romero, Pedro, Daniel Esteban y Daniela Lacourt

*Parque Nacional de la Tijuca:*
Ibama – Instituto Brasileño del Medio Ambiente y de los Recursos Naturales Renovables
Municipalidad de la Ciudad de Rio de Janeiro
Administración del Parque Nacional de la Tijuca, Sônia L. Peixoto, Celso Junius, Bernardo Issa, Pedro da Cunha y Menezes, Flavio da Costa Balesdent y guardabosques
Agradecimientos especiales para Sônia L. Peixoto, Celso Junius, Bernardo Issa

*Parque Internacional La Amistad (Panamá):*
Anam – Autoridad Nacioanl del Ambiente
Administración del Parque Nacional La Amistad, Karin Rodrigues
Administración del Parque Nacional Volcan Barú, Venero Marquinez
Hotel Los Quetzales, Carlos Alfaro
Agradecimientos especiales para los guardabosques de las Nubes, Svein Vogt, Marta, Zulay y Bebel, Maria y Juan Fernandez

*Parque Nacional Galápagos:*
Servicio Parque Nacional Galápagos (SPNG) Eliecer Cruz
Fundación Charles Darwin – Roslyn Cameron
Fundación Natura – Cecilia Falconi y María Fernanda García
Lindblad Expeditions, Tom O'Brien, Rikki y Jack Swenson
Ecoventura – Santiago Dunn
Agradecimientos especiales a Tuy de Roy y Mason Fischer

En un proyecto como éste que envuelve sueños y algunos desafíos en el camino, además de los patrocinadores, los que nos apoyaron tuvieron un papel fundamental. Para ellos, de esta forma, nuestro agradecimiento especial.

Suzano Papel e Celulose
Lan Chile
Advance Turismo
Nikon T. Tanaka
Ibama
Half Dome
Fujifilm do Brasil
Furtado & Schmidt

Transformar una idea en un libro produce un gasto considerable de energía humana y también material, de recursos naturales tales como papel, agua, tintas, entre otros.
Hay un costo ambiental envuelto en el proceso y por eso, tomamos algunas decisiones que compensaron la realización de este proyecto:
Utilizamos el papel Reciclato® de Suzano Papel e Celulose en los cuadernos de inicio y finalización.
El Reciclato® es el primer papel offset brasileño 100% reciclado, producido en escala industrial. Parte de la renta obtenida con su venta está destinada a proyectos sociales y ambientales del Instituto Ecofuturo, organización no gubernamental instituida por la Suzano Papel e Celulose para promover la educación, tomando en cuenta la integración del hombre con la naturaleza como protagonista. Además de eso, parte de los recursos del libro serán destinados a proyectos ambientales.

Este libro fue impreso en papel Reciclato 150 g/m², producido por la Suzano Papel e Celulose, Magno Star y Magno Star Satin 170 g/m² producidos por la SAPPI, con un tiraje de 5.000 ejemplares, por la Editora Gráficos Burti en febrero de 2005.